[英国]西蒙·格伦迪宁 著　李永毅 译

德里达

牛津通识读本·

Derrida

A Very Short Introduction

译林出版社

图书在版编目（CIP）数据

德里达 / （英）西蒙·格伦迪宁（Simon Glendinning）著；李永毅译．
南京：译林出版社，2019.3（2022.4重印）
（牛津通识读本）
书名原文：Derrida: A Very Short Introduction
ISBN 978-7-5447-7616-5

Ⅰ.①德… Ⅱ.①西… ②李… Ⅲ.①德里达（Derrida, Jacques 1930—2004）－哲学思想－思想评论 Ⅳ.①B565.59

中国版本图书馆 CIP 数据核字（2018）第 292134 号

著作权合同登记号 图字：10-2013-27 号

德里达 ［英国］西蒙·格伦迪宁／著 李永毅／译

责任编辑 何本国 陈 锐
装帧设计 景秋萍
校　　对 李 娟
责任印制 董 虎

原文出版 Oxford University Press, 2011
出版发行 译林出版社
地　　址 南京市湖南路 1 号 A 楼
邮　　箱 yilin@yilin.com
网　　址 www.yilin.com
市场热线 025-86633278
排　　版 南京展望文化发展有限公司
印　　刷 江苏凤凰通达印刷有限公司
开　　本 890 毫米 ×1260 毫米 1/32
印　　张 8.375
插　　页 4
版　　次 2019 年 3 月第 1 版
印　　次 2022 年 4 月第 4 次印刷
书　　号 ISBN 978-7-5447-7616-5
定　　价 39.00 元

序　言

杜小真

> 任何哲学都是对哲学史的解释，对其矛盾的解释，是通过哲学行为的超历史意义对其统一可能性的证明。
>
> ——保罗·利科[①]

有幸得到译林出版社何本国先生惠寄的李永毅教授移译的《德里达》书稿。这部英国学者“书写”的研究法国著名哲学家、解构大师德里达的力作，让我这个从事法国哲学教学、研究多年的中国教师感到亲切，有话要说。

首先想说的是，书稿封面上作者西蒙·格伦迪宁（Simon Glendinning）的名字让我感到亲切，也由衷地对之怀有敬意。因为曾经读过当时社科院江怡教授的一篇《当代西方分析哲学与现象学对话的现实性分析》[②]的文章。江教授在文中谈到，20世

① Paul Ricoeur, *Sur "Méditations cartésiennes" de Husserl,* in *A l'école de la phenomenology*, Vrin,1986.

② 《厦门大学学报》，2007年第5期。

纪70年代以来，西方哲学发生的一个重要变化，就是被视作截然不同、长期以来存在巨大鸿沟的分析哲学和“欧陆”哲学之间开始出现某种形式的对话和交流。江教授在文中就提到了属于“开明哲学家”之列的里丁大学哲学教授西蒙·格伦迪宁，提到了他的（许多中国同行都感兴趣的）《为他人的存在——海德格尔、维特根斯坦、德里达》（1998）一书。如果说，上世纪末期西蒙·格伦迪宁等英美学者的“变革”突破了单纯哲学的概念术语的讨论、开始重视相关思想和哲学问题及其思考这些问题的方式，那么，西蒙·格伦迪宁2011年出版的这部《德里达》和之前的《德里达的遗产：文学与哲学》（2008），则把这种变革推向更高、更深入的层次。这本书为如何读懂并且理解德里达——这个有人敬爱，有人唾骂、仇恨、丑化的当代伟大的哲学家——的“文本”，提供了一条可靠的途径。应该说这部篇幅不大、文字平实的研究著作，其内涵的深意已超出了德里达及其思想本身。

2004年10月18日的法国巴黎《星期日报》刊登了“当今世界最重要的哲学家之一德里达”逝世的消息，这篇短文最后提出一个问题：“……德里达的哲学风靡世界，处处被解释，但是（他的思想）真的被理解了吗？”这真是问到了要害之处。这个问题更应该针对那些对德里达的文本“深感不安”的敌对者和“误估”、“低估”德里达学术地位的圈内的“仇恨者”。其实，理解或评论一个学者及其思想，最可靠的依据就是他的作品，德里达曾经呼吁：“要理解我吗？请读我的书吧！”西蒙·格伦迪宁的这部著作极力张扬的就是德里达文本的重要性，也是依据文本理解——并引导读者一起理解——德里达及其思想的典范之作。作者准确地理解并践行德里达的“文本”观念。他强调从

"德里达文本"出发，就是告诫读者不要将"作者的地位过于简单地理解为某篇文本、某场运动、某个历史性结构的创造之源"。也就是说，文本并非简单地等同于文字，它的内涵要丰富、深刻得多。作者和法国当代著名哲学家、德里达的挚友保罗·利科（Paul Ricoeur）同样认为"（德里达）敢于颠覆表面的话语直至解构话语没有说出的前提……打开了阅读**我们文化的文本**的全新道路"[①]。文本的重要和优先地位，是德里达整个思想脉络和解构思想的根基，也是我们理解他的解构思想核心，即"书写"理论的最可靠的依据。

西蒙·格伦迪宁教授认为，那些对德里达怀有敌意、对德里达及其思想"误估和低估"的学者，大多也是因为缺失了对德里达"文本"的正确理解。诚然，这其中对"欧陆哲学的偏见"起了很大作用，但格伦迪宁教授说得对：诸如"剑桥事件"一类的不公正的判决和诋毁，背后的事实竟是没有真正读过德里达"文本"，甚至"未曾从他的著作中援引只言片语"，缺失"文本"的分析，结果造成带有主观意向的偏见，并以此在德里达的概念意义强加上远离其"初心"的解释和评论。其实这是不懂得"德里达文本的雄心是给哲学一个未来，但这个未来绝非哲学通常为自己设计的那个未来"。格伦迪宁教授不但深深意会这个雄心，而且向这个"最终目的"努力前行，他"勇敢"承认自己就是所谓"青年时代乃至后半生被德里达'腐蚀'的那些人中间的一员"，他公开宣称"与他为伍是一件光荣的事"。他把"剑桥现象"视作类似"民主制雅典的法庭以腐蚀青年、不敬传统神祇的

① *Salut à Jacques Derrida*, in *Rue Descartes*, PUF, 2005. p. 14.

罪名对苏格拉底审判定罪”时的普遍心态。格伦迪宁教授的思考让我们想到，理解和评价一位学者的首要步骤是阅读他的“文本”。德里达的文本是“存在之客栈”，“不是一个原子，而是一个好客的节点”。文本不是语音的记录，也不是静止不动的文字集合，而是脱离语言系统、阅读工作不能超越、真实生活铭写在其中的东西。①

格伦迪宁教授关于“继承”的问题的见解和分析也让我感到亲切。他深切领会到“德里达文本”之所以大大激怒那些自以为是哲学学科“合法继承者”的“不满者”和“批判者”，根本原因是德里达背叛了传统逻格斯中心论的“文本”的“现成在场”，即背叛了所谓的“永恒真理”和“木已成舟”的结论。其实，**“哲学并非只有一位合法继承者”**，继承的行为“永远不能被化约为被动接受某种现成可用的东西（某种让我们强烈感觉到的、预先给定的东西）”。正如书中译注所示，“德里达强调了传统的多样性和异质性，因此继承必然意味着选择……这个决定也是属于我们个人的，因此继承也必然意味着责任”（正文第19页译注②）。格伦迪宁教授有关继承的述评，非常接近法国当代一些哲学家的思考。比如法国哲学家布鲁斯·贝古（Bruce Bégout）在谈到利科与现象学的关系时就称他为现象学的“变异继承者”②。利科本人也说过：“现象学在很大程度上可以说是

---

① 在此，不禁想到已故旅法哲学家、艺术家熊秉明先生关于书法的思考，或许能够让我们与“德里达文本”沟通。熊秉明先生曾经有“书法是中国文化的重中之重”（《老年书法班》讲稿）的说法，他讲到唐人孙过庭的“人书俱老”的哲学意义：创造与存在的微妙的一致。人自己书写出来的字迹其实就是曲折人生道路的记录：“人即书，书即人，我们一生所写的字，无论我们喜欢不喜欢，满意不满意，我们也不得不承认，那是我们的字迹。认同自己的一生，认同自己的字，即是对个体生命的认同。”（《老年书法班》讲稿）

② 参见 Bruce Bégout, *L'héritier hérétique*, in *Esprit-La pensée Ricoeur*, No.3–4, 2006, pp. 195–209.

胡塞尔各种变异的历史。”①

另外一位学者在分析列维纳斯和梅洛庞蒂在法国现象学运动中的贡献时指出，两位哲学大家都在自己的著作中同时体现了对胡塞尔的忠实（继承）和断裂（变异）。②这并没有取消他们的现象学起源，但如德里达所说，从解读一开始，就偏离了“起源”。这不也是德里达解构思想所希望的吗？德里达是在解读西方逻格斯中心主义的遗产，“‘以特定的方式’栖居在哲学传统内部……以求阐明它内部那些将它带往另一个方向、给它一个未来的运动”。换言之，继承一种传统思想，一方面意味着接受其学说，而同时从一开始就划出了与之的界限，就开始阅读这个世界，并渐进深入地改变这个世界的意义，让这个世界说出它不愿说出的东西。这看起来是偏离了传统，但从某种意义上说，可能正是对一种传统过于忠实，才会产生看似完全“不忠实”的结果。对“理性”召唤的“忠实”的服从，对某种精神传统、经典文本的“忠实”继承，不应该是对理性顶礼膜拜、不容对其“权威”提出任何问题和质疑，否则就是十恶不赦的“异端背叛”……针对这样的“忠实”继承，德里达主张的是以问题回应理性的召唤，力图透彻理解理性的召唤。德里达实施的是变异的继承，与列维纳斯和梅洛庞蒂一样，他是西方理性思想传统真正的“忠实继承人”，也是真正的“捍卫者”。

可以说，格伦迪宁教授正是遵循德里达的解构方向向我们分析和述说德里达。所以他的解读不但对于澄清偏见、误读，对于领悟德里达别具一格的“书写”“解构”“起源”“延异”“播撒”

① Paul Ricoeur, *A l'école de la phenomenology*, Vrin, 1986, p. 9.

② 参见 Agata Zielinski, *Lecture de: Merleau Ponty et Levina*, PUF, 2002, p. 9.

等诸多哲学概念的真实涵义是值得一读的导论文本，更重要的是他同时成为传承德里达承继的西方人文精神传统的文本解读者。格伦迪宁教授的解读还让我们深深领会到德里达这位“忠实的”不忠实继承者内藏的无限魅力，那就是发自心灵的对精神传统、对世界、对他人、对个体的挚爱。

我常常记起德里达2001年来中国讲学期间，曾多次对有关“后现代”的提问做出这样的回应：“不，我不属于后现代派！因为我相信启蒙理性！”非常遗憾，很多人没有注意到这个根本。早在多年前，德里达在解释他的解构思想时就说过：“（解构）这是结构主义的行动，同时又是反结构主义的……它不能归于方法（还原），也不是分析，超越了批评观念和决定范围，这也是为什么解构不是否定的原因。我认为，**它永远伴随着肯定的要求**，我甚至说，**它从来不会在没有爱的情况下进行**。”[①]这哪里是什么“虚无主义”，哪里是什么“绝对否定”？

我想说，格伦迪宁教授为传承德里达思想精神“书写”的典范之作，李永毅教授用流畅、传神的译笔完成了这部中译本，我喜爱并认真阅读它，大概都是出自对这种“爱”的憧憬？希望更多的读者能够读到这本书，体会这种“爱”，并且传承这种“爱”。也是为着这种“爱”，我写下以上文字，算不上是“序”，只是出自真心的感想而已。

---

① *Entretiens ave le Monde*, philosopies, éd. la Découverte, 1984, p. 84.

致杰弗里和诸位安琪儿

目 录

致　谢

若没有伦敦政治经济学院欧洲研究所的学生耐心配合、热忱鼓励，我是无法撰写这本书的。他们中的许多人并没有哲学基础，德里达对他们而言几乎必然是一个虽有耳闻却极其陌生的话题。但他们愿意犯险，涉足未知的水域，这份勇气让我的教学充满了愉悦。我在此感谢他们的踊跃参与，也感谢他们求知的兴趣和惠赐的灵感。

在我授课或主持研讨班的过程中，不少我钦慕的德里达专家都读过或听过这本书的部分内容，我尤其感谢杰弗里·本宁顿、约翰·科廷厄姆、罗伯特·伊戈尔斯通、马里安·霍布森、佩吉·卡慕夫、奥伊辛·柯奥哈涅、斯蒂芬·穆尔哈尔、安东尼娅·庞特、杰克·雷诺兹、尼科拉斯·罗伊勒和亨利·斯塔滕，他们都曾提出建议或与我讨论。我也要感谢出版社的审稿人，他们阅读了书的初稿，指出了我的不少错误和理解不当之处。

最后，我要向牛津大学出版社的两位编辑爱玛·玛尔尚和彼得·芒齐洛夫表示谢意，是他们确保我的这艘船没有偏离航向，顺利抵达终点。

西蒙·格伦迪宁

2011年于伦敦

第一章

德里达的照片[1]

谁更忠实地服从理性的召唤，更敏锐地倾听它的声音……是以问题回应理性、力图透彻理解那种召唤何以可能的人，还是对任何质疑理性本身之理性的问题都充耳不闻的人？

——雅克·德里达

雅克·德里达，解构哲学运动之父[2]，诞生于埃尔比亚尔（阿尔及利亚首都阿尔及尔附近的繁华小镇）的家庭度假房里……可是让我们暂且打住。

---

① 由于本书原文的文风受到了德里达缠绕晦涩文风的很大影响，所以为了准确表达原文的意思，译文虽然系统采取了语义明晰化的策略，也竭力追求自然流畅，但在很多地方仍不得不扭曲汉语的使用习惯，例如杜撰词语、使用冗长繁复甚至难以卒读的定语、大量使用括号和破折号（因而读者需要适应一种多线程阅读），等等。建议读者先读最后一章中德里达的话以理解本书应采取的阅读策略。——本书的注释均由译者添加，以下不再一一说明

② 德里达对自己哲学的称谓是“解构”（法语 déconstruction，英语 deconstruction），他的反对者更倾向于用“解构主义”（deconstructionism，英文里的 ism 常含贬义）这个词，在中国学术界，“解构主义”和“解构”的差别更多的是名词和动词的差别。但在本书的译文中，“解构”对应于 deconstruction，“解构主义”对应于 deconstructionism，特此说明。

我们可以回到哲学家生平的常规起点——没有这个起点，便没有后面的一切。但是本书介绍的这位哲学家却希望我们径直向前，别太关注这样的起点，别去留意作者（人们心目中存在于作品背后的创造之源）的角色。

有反讽意味的是，这位思想者一方面绝不轻易乞灵于作者之名和“血肉之躯的真实生活”，另一方面却将自己的大半光阴用于阅读和讨论一些（尤其是哲学史上的）独特人物的著
1 作：柏拉图、亚里士多德、圣奥古斯丁、蒙田、笛卡尔、莱布尼茨、卢梭、康德、黑格尔、尼采、马克思、胡塞尔、海德格尔、列维纳斯……这个名单很长。他的思想几乎总是以“某某人的文本”为出发点和跳板的。有些人曾认为，这其实体现了哲学中一种更普遍的趋势：论者常说，所谓的“欧陆哲学”首先关注的便是作者之名，英美分析哲学却对问题本身更感兴趣。然而，我们只需稍稍浏览“德里达文本”便会发现，这种解读颇有问题。例如，德里达在早期代表作《论书写学》中坚持认为[①]，他将“标示性价值”赋予“作者之名”或者名字代表的“信条”（例如柏拉图主义、笛卡尔主义、卢梭主义），不过是“凸显了一个问题”。这个问题就是，如果认为作者之名**或者**指明了一个“起源”或“起因”（正是它引发了形而上学历史上出现过的历史性结构和结构之间的历史性更替[②]），或者概括了“结构的简单**效应**”，就

① 法文标题为*De la grammatologie*，汪堂家中译本译为《论文字学》，值得商榷。“文字学”的译法让人联想到中国古代的“小学”，也容易让人误以为德里达关注的内容是语言学的子领域。事实上，德里达关注的一个核心问题就是语音与书写的关系，词根gram在古希腊语中也是“书写”的意思。

② “形而上学”在德里达的语汇中指与解构相对的西方哲学传统。“历史性结构”指在一定时期占主导地位的思想体系，“历史性更替”指一种主导思想体系让位于另一种体系。

过于天真了。我们面临的困难还会翻倍，因为德里达希望阅读的哲学史上的名著本身就是在这种天真理解的藩篱内诞生的。两种力量相互对峙，一面是伟大作者和伟大运动的效力，一面是起决定作用的历史性结构，这种观念深植于他所质疑的形而上学的核心。

我们在后文将看到德里达如何设法应对此问题，至少在使用（虽然只是临时性地）他质疑的观念框架时有所收效。眼下我只想强调“德里达文本”对读者的某种告诫，就是不要过于简单地理解这个短语的含义，也就是说，不要将作者的地位简单地理解为某篇文本、某场运动、某个历史性结构的创造之源。

这并不意味着我们能够或者应该摒弃这样的观念，仿佛我
们有某种更恰当的观念。所以，若要有效地保持这种警觉，就只 2
能与传统的天真观念博弈。例如，我们不得不接受这样的说法：雅克·德里达是解构哲学运动之父，他生于某个时间、某个地点。但是，我们也必须愿意聆听“德里达文本”的教诲：我们不应太天真地依赖我们借以理解此类似乎不言而喻的说法的那些观念。

简言之，面对雅克·德里达的传记时，我们永远不可忘记，这位传主对传记这种体裁曾有许多论述。事实上，他一贯坚称（尤其是针对哲学家的传记），以为只要简单参考这些“‘血肉之躯’的真实生活”就可以成功解释“某某人的文本”，这样的想法几乎毫无价值。

当然，雅克·德里达的确有血肉之躯。即使你未曾见过他本人，至少你也会在网上看到他的许多照片，在本章末尾也有他的一幅很传神的照片（后面我还会提及）。想象一下，你正在

浏览其中一些照片，那么你每次看的都是某人的一个影像——它为他生活中某个此时已经消逝的“此时”保存了一份视觉记录——而这人此时其实已经死了（无论你的“此时”是何时，我都敢肯定这一点）。虽然这样的图像在当今可以立即生成并发送，但这不可避免的耽搁，无论它多么短暂，都足以让任何人的照片**可能**面临上述这种现实——也就是说，你面前这幅照片里的人此时**其实**已经死了。这种可能性也总会触发某种文学化的哀恸。哲学家科拉·戴蒙德对特德·休斯[①]诗作《六位年轻人》的解读就传达了这一点：

> 抒情主人公坐在熟悉的地方，看着一幅照片，里面有六
> 3 位微笑的年轻人……他们浑身散发着活力，一位羞涩地垂
> 下眼睛，一位嚼着一棵草，一位“自命不凡，有些滑稽”。拍
> 完照片不到半年，这六个人都死了。

另一位哲学家约翰·麦克道威尔[②]反驳说，戴蒙德的文字所唤起的“脱位感”其实并不需要以突然的夭亡为条件，事实上，“即使这些年轻人一生美满，寿终正寝，我们也可抒发同样的情绪”。我想德里达很可能补充说，这种“脱位感”甚至无须等到他们事实的死亡。一个人死亡的**可能性**（即这种可能性：我可以断言，从此时起，每一个此时你或许都在看一位死者的照片），某个血肉之躯“绝对消逝”的可能性，始终笼罩着影像和照片，

① 科拉·戴蒙德（1937— ），美国哲学家，主要研究道德哲学、政治哲学和语言哲学。特德·休斯（1930—1998），和拉金并列为英国二战后最杰出的诗人。

② 英国哲学家，牛津哲学和逻辑研究的代表人物之一。

笼罩着生命被拍下的每个瞬间。

所以，天真地强调作者的形象，将其视为作品的创造之源，这种做法令我们担心。而且，活物或活人的照片也能让我们感受到某种“死亡效应”。雅克·德里达——本章末尾的照片里那位中年男子——对上述两种忧虑都很在意。然而，关于作者雅克·德里达的照片，我们还可提到第三个话题（这一点在照片里就很难发现了），那就是他对自己的长相感觉不舒服，所以不太愿意看见自己的照片。这种焦虑或许难以理解，因为这幅照片表明，雅克·德里达其实很英俊，至少在哲学家里算鹤立鸡群的。他的衣着也不俗，衬衫清爽，外套考究。棕色眼睛炯炯有神，色调偏暗的皮肤反衬出一头浓密的银发，这样的外表让他在人群中格外惹眼。

哲学家雅克·德里达或许意识到自己长相很好，但这种意识反而令他不快，让他对自己的外貌感觉不自在。他大概会用“自恋憎惧”来解释。 4

在Youtube上有一段雅克·德里达的采访，网址是http://www.youtube.com/watch?v=4RjLOxrloJ0，他在里面谈论了这种憎惧以及我刚介绍的与德里达照片有关的其他话题。你们或许会觉得很有意思，也会找到一些线索。

对话开始的时候，采访者提到，在1979年（那时距这位出生于阿尔及利亚的哲学家赢得解构之父的盛名大约已经十年）之前，雅克·德里达“一直严格限制别人传播［他的］影像”。德里达接过话茬说，在1969年（也就是他真正出名）之前，他甚至完全禁止在公开场合以任何形式展示他的照片。他以惯有的坚定语气阐明了理由（也就是我刚列举的理由）。他首先声言，自己所做的工作要求对作者这个角色“去物恋化”[①]，他反对在图书宣传活动中使用作者“头像”的当代流行做法。我们将会发现，在德里达看来，对于**在别人的描述中**以另一种方式出现的人，某种后撤的姿态，某种孤独的状态，才是其自我表达的恰当标志。德里达当然希望保持隐身，可是他日益频繁地出现在学术会议和其他公共活动中，再无法阻止世人传播自己的照片了。毕竟他的行踪已暴露在聚光灯下，著作也已名闻天下，他对此无能为力，只好渐渐放手了。无论他喜不喜欢，他的照片都已经流传开来，最终他甚至同意接受拍照了。他的许多照片都在媒体上刊登过，其中一张在其著作《绘画中的真理》中用作了封底照，就是本章结尾的那张。你们可以看看。我记得自己在逛某家书店时见过它。和其他哲学家在腰封上的照片放在一起，雅克·德里达这位出生于阿尔及利亚的解构之父看起来**的确**很酷（原谅我如此说）。

在那次访谈中，德里达宣称，避免作者头像泛滥成灾的学
5 术理由（同时也是社会理由和政治理由）并不是他不愿公开自己照片的唯一动机。接下来他补充了两条理由：一是他目睹自己那张英俊的脸时总是觉得焦虑不安（“我不喜欢看见它，就是不喜欢”），二是每幅照片总蕴含着“死亡效应”。可是到了晚年，他发现“允许别人取其所需”或许也有“某种益处”。于是就有了我们今天的境况。照片中的人已学会放手。他意识到是自己导致了照片的流传，他已无力控制，只好顺其自然。

---

① “物恋”（fetishism）自马克思（在其著作汉译本中一般译成“拜物教”）和弗洛伊德以来，已成为哲学的重要术语。

雅克·德里达，解构哲学运动之父，1930年7月15日诞生
于埃尔比亚尔（阿尔及利亚首都阿尔及尔附近的繁华小镇）的
家庭度假房里。他的父母是西班牙血统的犹太人，痴迷美国电
影，所以用影星杰基·库根的名字给他起名杰基·德里达。当
他决定追求学术，希望个人信息显得更严肃时，才将“杰基”换
成了更正式的法文名字“雅克”。他少时擅长运动，十来岁时曾
立志成为职业足球运动员。然而到十八岁时，让-保罗·萨特
的知识分子兼社会活动家的角色对他产生了影响。[①]他后来说，
“我一直觉得这样的角色注定遭受厄运，灾难不断，但我仍然爱
它……”这个阶段的德里达梦想讲授和创作文学，但当他二十岁
出头在巴黎的路易大帝学校做寄读生的时候，学业却是以哲学
为核心的，此后以不同方式主导他生活的也是哲学。1959年，他
给一场学术会议投去了自己的第一篇学术论文，接着在勒芒高
中获得了教职。虽然一个学年下来饱受严重抑郁症的折磨，他
还是在索邦大学成功申请到了讲授“普通逻辑哲学”的位置，工
作的同时也从事现象学和结构主义的研究。成功的学术生涯终
于成为触手可及的希望，1967年成为他破茧而出的一年，三部重
要著作相继出版：《语音与现象》[②]（讨论胡塞尔的专著）、《书写
与差异》（一部论文集）和《论书写学》（一部杰作）。到了1994 6
年，世人已经普遍认为，他是这个时代最重要的思想家——我们

① 德里达和萨特一样，不仅是书斋里的哲学家，也是一位社会活动家。1981年他支持拉丁美洲精神分析学者对独裁政府的反抗，1982年在布拉格支持捷克知识分子的反抗运动，他还支持南非的反种族隔离运动。

② 法文标题为*La voix et le phénomène*，杜小真中译本译为《声音与现象》，值得商榷。voix并非一般的声音，而是人发出的声音，也即语音，和德里达批判的语音中心主义（phonocentrism）有密切关系。

雅克·德里达，版权属于朱利奥·多诺索/西格玛/科尔比亚

甚至可以说，这个时代已变成解构的时代。2004年10月8日晚，他因胰腺癌在巴黎一家医院去世，享年74岁。

7 有人敬爱他。也有人唾骂他，仇恨他，丑化他。

第二章

对德里达的误估和低估

剑桥事件

德里达在哲学界引发的敌意反应有多么激烈，而他的著作在艺术界和人文学科的反应为何同样激烈，但是性质却相反，这些问题要描述清楚已颇为不易，更不用说解释透彻了。但理由并不难找。首先，他的行文风格令人晕眩，同时在多个方向以不同的速度旋转开去，即使态度最宽容、准备最充分的读者也难以适应。“德里达文本”似乎总是将思想之经与论证之纬藏匿起来，在读者努力向前的过程中，堆栈成错综复杂的织物，让他们感觉无法抵达最终的理解。以思维清晰而自矜的哲学家们对德里达著作晦涩难懂的风格嗤之以鼻，仿佛他完全是故作高深。还有他近乎颠覆性的语言、解构的语言，在许多人看来也有害无益，千百年来艺术与人文研究者、爱好者珍爱的思想文化中一切有价值的东西，都面临被它摧毁或败坏的危险。在文本阐释的问题上，德里达的语言观似乎持“无论怎样都行”的态度。不仅

8 如此，它好像还为任何只想关注**非**经典文本和文学（也即迄今为止被“死去的欧洲白人男性”的文本“霸权”拒之门外的一切）的人提供了一个理论参照点。（你知道的：柏拉图、亚里士多德、圣奥古斯丁、蒙田、笛卡尔、莱布尼茨、卢梭、康德、黑格尔、尼采、马克思、胡塞尔、海德格尔、列维纳斯……）

除了上述原因，或者正由于上述原因，德里达的文本还让人深感不安。我们思考的有些内容是现实世界的状况，对于它们，我们有差异很大、有时也很剧烈的情感反应：快乐、悲伤、愤怒、恐惧等等。然而，有些思考的内容更切中要害。用哲学家马丁·海德格尔的语汇说，这些问题关注的不是我们生活的世界碰巧如何，而是我们如何理解自己“在世界中的存在”。出于保守立场而愤怒抵抗某种改变世界的“政治”（姑且如此命名）行动，与聚集在某种“伦理”（姑且如此命名）行动（它质疑的是我们对世界和人生意义的理解）周围的侵犯性抵抗比起来，实在不值一提。这种伦理性与简单政治性之间的区分并不理想，至少德里达的文本并非处处遵守这样的界线。而且，我想说的是，他的文本所引发的不只是愤怒的反应，而是炽烈的、侵犯性的反应。有时，那热度实在太强，完全遮盖了光。

他们当时所称的“德里达事件”就是一个例子。不过，它其实是剑桥的事件，甚至影响不限于剑桥。

在1992年3月剑桥大学的教职员大会上，一项荣誉博士的提名遭到了抵制，现场有人大喊“不同意”[1]。教务委员会决定投票，有学者印发了传单，并征求签名。5月中旬的一个周六，500

① “不同意”原文是拉丁语non placet，这个短语在古罗马就是标准的法律用语，表示对提案的否决态度。

多位成员聚集在参议厅，以实名投票的方式表达意见。投票过程虽然是秘密的，但在等待结果的时候，你站在哪里，和谁站在 9
一起，却非常重要。年轻教师很清楚，前辈的眼睛注视着自己。这是剑桥的事件。可是，当教务委员会商议是否向雅克·德里达授予荣誉学位的时候，事情绝非如此简单，牵连的面也甚广。

德里达荣誉博士的提名（这项颇有象征意义的提名不是来自哲学系**内部**）在整个大学激起了各种强烈的情感，此后的骚动也引起了英国和世界媒体的广泛兴趣。学术界反对政治家获得此类学位虽然罕见，但人们毕竟见过——可是为何针对一位哲学家？这番纷扰究竟为了什么？新闻记者的职业责任是向非专业的读者报道，所以可能觉得这场争论的缘由难以判定，也难以用三言两语说清。他们可能在无法简化的地方追求简化。但急于理清头绪、找到症结所在的并非只有这些记者，发现自己陷入了一个思想泥沼的也大有人在。事实上，对德里达不满的一个主要原因是，许多人觉得，他的著作严重违反了学术界应当维系、体现并公开尊崇的规范，那就是严谨清晰。

无论德里达的“解构主义”（反对者喜欢用这个词）是什么，它都能被人用来代表我们的思想文化中一切朽烂的东西。部分的罪责无疑应归于它自身，与德里达文本的一个缺陷有关。然而，我们将会发现，这也与该思想文化的一个断层[①]——或者说裂隙——有关，而这个缺陷似乎严丝合缝地坠入了这条裂隙。

在很多人看来，授予德里达荣誉学位的想法太过分，等于是向学术界应当坚决反对的东西致敬。当我说许多学术界人

① 这里作者用英语词fault的两种语义（“缺陷”和“断层”）玩了一个文字游戏。

士——乃至我们这个文化的精神生活的许多评论者（无论是否在学术圈内）——都强烈地感觉到，德里达这种人不应获得学术荣誉时，我并不想误导读者，让他们以为，这些人认定德里达著作在基本观点上是错误或混乱的，或者因为某种常见的学术理由而必须予以反对。不，他们不仅仅反对德里达的著作，而是被它**激怒**了，它对聪颖年轻人的阴险诱惑让他们出于保护的心态而**义愤填膺**。既然他们自命为古典遗产的捍卫者，我下面这个比方只会让相关者恼怒，但我不得不说，针对德里达著作的咄咄逼人的谴责和敌意无疑提供了一个当代的样例，让我们得以窥见，民主制雅典的法庭以腐蚀青年、不敬传统神祇的罪名对苏格拉底审判定罪，究竟是出于何种心态。

我就是青年时代乃至后半生都被德里达"腐蚀"的那些人中间的一员。所以在我看来，剑桥事件（以及烦扰德里达生涯的其他许多类似案例）并没有展示出什么学术的正直和思想的诚实，不过让我们目睹了学术界人士（或者说"**某些学术界人士**"，正如德里达后来以他典型的谨慎、公平却又尖锐的方式所强调的那样）如何戏剧性地破坏了他们试图维系和体现的学术责任之标准，而他们最初喊出"不同意"也是打着这些标准的幌子。

虽然在我们的时代，针对德里达的敌意之盛是无与伦比的，但瞄准他的批判言辞却绝不新鲜。对于这些不满者而言，"德里达事件"只不过是一个公认的极端例子，它再次呈现了英国知识界与"欧陆"同行交往史上的熟悉场景。正如剑桥学者尼科拉斯·德尼尔所言，在德里达的反对者看来，这一事件最终应该理解为旧传统的新样例：某位法国思想家"深受许多英国知识分子推崇，虽然他们的哲学界同胞对他颇有微词"。德尼尔固然准确地描述了英国思想文化界的裂隙，但我认为，这个裂隙从属于整个当代**哲学**文化中一个更大的裂隙（德尼尔的观点已经暗 11
示其存在），在很大程度上也可用后者来解释。若做翻案文章，我们可以强调说，那些反对德里达的“英国”（更确切地说是“分析”）哲学家并非最先全面谴责“欧陆”同行的人，与他们酷似的话也早有人说过。

因此，在“分析”哲学和“欧陆”哲学之间存在巨大的鸿沟，这一假定已经为剑桥的批判言辞准备好了模板。所以，无论传单上的咒骂之词看起来多么个人化，多么伤害个人的感情（比如说，德里达的著作“会剥夺心智的防御”，并且会“破坏思想探索所依赖的基础”），也无论德里达的“恶名”多么昭彰，它们都并非仅见于此事的特例。轻车熟路地给德里达安上一系列罪名，**却未曾从他的著作中援引只言片语**，这种做派在所谓“欧陆”哲学的批判者那里并非偶然的失误，反而是司空见惯的一种标志了。**倘若**这些罪名真的成立，那么无论剑桥授予德里达任何学位，它的智慧都理应受到质疑。**倘若**他的著作的确“视论证的严谨为无物”，滥用“野蛮的新语汇”，“白痴式地玩弄文字游戏”，因而配得上“愚蠢、可笑”或者“堕落”的骂名，那么面对大愚若智的同事以及他们“明知是谬误却依然趋之若鹜”的行为，学者们感到绝望就完全可以理解了，“不同意”的抗议之声也早该掀翻参议厅的房顶了。

然而，这些不满者未引用德里达的文本绝非偶然。他们声称捍卫学术的标准和严谨性，在这件事上却并未兑现，也绝非偶然。因为我相信，无论阅读德里达的著作牵涉多大的风险和困难（正因如此，哪怕只是想一想写一篇或短或长的介绍都是令人

12 生畏的)，这些反对者的**担心与顾虑**在我看来都是对他的**误解**。德里达著作里的断层线(正是它们使得反对者的观点听起来似乎有理)出现在他试图让某些习惯的思维模式或思想程序变得神秘难解的地方——他认为这些模式或程序内生于哲学传统中，至少内生于迄今为止哲学的典型理论中。这就给人一种印象：他否认了世人认定为真的某种东西。

剑桥事件(我们无法将它与此前和此后的许多其他事件截然分开)很快蔓延到剑桥之外，也不再仅仅涉及"英国"的哲学评价。19位英国之外的分析哲学家(其中包括美国顶尖的分析哲学家蒯因[①])联名写信给《泰晤士报》，重申了剑桥抗议者列出的多条罪名。这封信也再次背弃了基本的学者操守：面对德里达"海量的著作"，他们没有引用一句话，参考一个段落，分析一个论点、一条思路。信中只有**两个词**放入引号，暗示该说法出自德里达：他们声称德里达的著作"似乎主要由一堆复杂的笑话和双关语('逻辑阳具'之类)构成"[②]。然而，正如德里达本人所强调的，这个说法他"**从来没有**用过"。用一个以假乱真的杜撰说法冒充所谓"学术骗子"的东西，难道不是严重的欺诈行为？

如我在上文所说，德里达并非第一位遭受此种攻击的"欧陆"哲学家。然而，剑桥的荣誉学位事件不仅鲜明地展示了英国(乃至所有英语国家)对它所称的"欧陆哲学"的敌意，而且可悲的是，这个典型的例子也预示了德里达在整个学术生涯中将不断招致的那种粗暴攻击。德里达经常被卷入各式各样反对

① 蒯因(1908—2000)，美国逻辑实证主义和实用主义哲学家。

② "逻辑阳具"(logical phallusies)的说法是对"逻辑错误"(logical fallacies)的戏仿，故意讽刺德里达滥用文字游戏。

"欧陆哲学"或者"后现代主义"或者"法国理论"或者"后结构主义"的论战——类似的含糊不清、于事无补的称谓还有许多，于是便有了"德里达及其同党"或者"德里达之流"的提法，将 13
他归入臭味相投、执意摧毁西方文明的麻烦制造者之列。他虽然经常被用作一切糟糕之事的"范例"，但也经常成为单独的靶子，被视为最坏的一位。（在1999年票选有史以来最被高估的哲学家时，他位居榜首。）在某些圈子曾经存在，而且依然存在一种特殊的"德里达文本效应"，他的名字和著作总会引发一种过敏反应，激起学者和记者最具侵犯性、最恶毒的情绪，不仅英国、美国如此，法国、德国也一样——全世界都无例外。德里达成了世人仇视的魔头和晦涩学术赝品的贩卖者，威胁着易受蒙蔽的年轻心灵。热衷于追逐最"激进"思想家、热衷于标新立异的年轻人将他们宝贵的青春浪费在德里达毫无立场、故作高深、自渎自娱的文本上。

就我自己而言，与他为伍是一件光荣的事。对1992年德里达在剑桥的支持者而言，事件的结局也是完满的。教务委员会投票通过了提名，那年尚未过去，他便合规获得了荣誉学位。

德里达著作中一个最显而易见的断层存在于"哲学"这个名称周围。和德国思想家马丁·海德格尔（德里达最常引用的作者也许就是他）一样，德里达并不认为自己的著作正将传统哲学引向终点。毋宁说，他的著作向我们提出了"在哲学之后"思考的任务，这项任务似乎永远无法终结，它要让哲学传统（该传统通常都将自己描述为朝着某个**终点**前进）向其"边界之外"敞开。如果我们非要称德里达的著作为"哲学"，从某个角度说似乎也是恰当的，因为他的大部分著作都致力于以新方式在哲学

传统内部栖身。可是换一个角度看，授予这个称号又是不合适的。我们将会看到，德里达文本的雄心是给哲学一个未来，但这
14 个未来绝非哲学通常为自己设计的那个未来（也即成功达到在概念上完全清晰的境地），所以我们最好把它理解为“曾被称为哲学的学科的某一位继承者”，正如路德维希·维特根斯坦为自己的工作设定的目标。

德里达曾在一个场合用下面的话（我认为很有启发性）介绍自己：“我的职业是哲学家、哲学教师，但是我并非彻底的哲学家。”事实上，德里达相信，没有任何人能成为“彻底的”哲学家，也就是在任何方面都与该称号相符的哲学家。所以，当他说自己不是彻底的哲学家时，并非独树一帜，他不过和其他人一样而已。然而，德里达的“但是”表明，他想标示出一种思想的偏离，它不同于我们对哲学家这个职业的惯常理解。哲学家或许认为，他们真正是彻底的哲学家，他们的著作在每一种意义上都彻头彻尾地**符合学科规范**。在这一点上，那些认为自己知道哲学是什么、如何按严格周详的学科规范进行研究的哲学家们与德里达存在某种程度的共识。他的问题在于不够“哲学化”，尤其是他的著作与确定了何为严谨规范的哲学写作的哲学学科观念发生了冲突。他甚至可以被树为反学科规范的典型[1]，一个不应效仿的反面榜样。（尽管这种羞辱与事实不符，甚至正因为这样，德里达未必会拒绝这样的称号。就像克尔凯郭尔和维特根斯坦那样的思想家，德里达虽然知道

① 英语中的“学科”（discipline）一词也有“规训”之意，此处原文的indiscipline兼有对上述两种意思的否定，说德里达的著作反哲学学科，同时也是说他的著作拒绝接受哲学学科规范的约束。

自己的著作会引来重复效仿，但也不希望让别人省掉思考的麻烦。）

以缺乏学科性为由反对德里达的著作不只是反对它的风格。相反，既然**哲学著作的文风**不可能不受制于作者**对哲学学
科的理解**，这种反对意见就表达了一种担心：（甚至）德里达的 15
出发点就不对，他根本无意以一种足够哲学化的方式来写哲学。他的著作并非误入歧途。事实上，我们之所以能够恰如其分地把这些反对意见称作“顾虑”，正是因为在反对者看来，解构在伦理上是有问题的，所以解构的道路是可疑的；它完全不该存在，甚至可以说是彻底错了。因此，德里达的哲学批判者认为，他们知道（严谨规范的）哲学著作应该如何写，而德里达的文本却恰恰将自己的起点和开始的样态视为一个真实的问题，他们的反应自然是群起攻之了。或许我们若要承认这个问题的正当性，就必须先认真考虑这种观念：没有任何文本能够做到彻底的哲学化，试图达到某种哲学的纯粹或者概念上的完全清晰，这样的抱负也是值得怀疑的，而且应当从文本内部来质疑——这样的文本希望成为那个曾被称为“哲学”的学科的合法继承者，即使对于这样的继承者而言，“合法继承者”之类的概念已不再不证自明，即使对于这样的遗产而言，遗产的结构本身也不再不证自明。

这是一个在新环境中写哲学的问题，在此环境中，哲学写作本身已经成为一个哲学问题。[1]

我在第一章介绍了德里达就照片问题接受的采访，他在那

① 在本书中writing这个名词有两种译法，当它侧重指称创作活动时，译成“写作”，当它强调与语音相对的沟通方式或者指称解构意义上的广义表意行为时，译成“书写”。

个场合将作者角色的前景化或者说“物恋化”与他所理解的写作的核心条件对立起来：他说“写作意味着作者的后撤”。事实上，这种姿态在哲学领域非常传统，在笛卡尔哲学的遗产中无疑占据中心地位，也是埃德蒙德·胡塞尔和马丁·海德格尔的重要特征——这两位思想者都是德里达在学术生涯早期就开始研究的。以胡塞尔为例，他是如此描述“全部现代哲学”的条件的：

> 全部现代哲学都起源于笛卡尔的《沉思集》……这个
> 历史性的命题意味着哲学每一次真正发端都始于沉思，始
> 16 于孤独的自我思索。当哲学家孤独地、激进地为自己承担
> 起责任，独立自治的哲学……才获得了存在。只有通过孤
> 绝的状态和沉思的方式，哲学家才能诞生，哲学才能从他内
> 心开始。

有人或许会反驳说，胡塞尔这段文字对写作条件的阐释过于个人化，他所说的条件似乎要求英雄般的从无生有的创造行为。然而我认为，胡塞尔所描绘的极端孤绝场景包含了一个重要的、颇具普遍性的真理。那就是，即使今天有些人（比如德里达）找到了某些偏离所有哲学规范性的行事方式，即使另外一些人如英国哲学家伯纳德·威廉斯[①]所形容，“强烈感觉到”他们通常可用的哲学写作资源“代表了唯一负责任的行事方式”，对于每个人来说（这一点上人人平等），哲学领域的继承条件也总是

① 伯纳德·威廉斯（1929—2003），英国道德哲学家。

包含了一种不可拒绝的责任。我做被称为“哲学”的这个学科的继承人，这个行为永远不能被化约为被动接受某种现成可用的东西（某种让我们强烈感觉到的、预先给定的东西）。[①]即使那些认可当前占主导地位的“资源”的人也不会并且不能这样做，而完全无视这样一个事实：哲学并非只有一位合法继承者。因此，我们讨论的行为并非被动获取通常可用的资源中某个强大的部分，而是相对自信的认可举动——我们或许可以称之为对某种行事方式的“联署确认”。我想说的是，这样一个联署的时刻本质上是一个独立决断的时刻（即使有许多人和我们站在一起）[②]。

为了最有效地后撤，德里达希望尽其所能达到某种孤独的状态。这里所要求的哲学家的“孤绝”或许看起来让哲学的共同体特性之类的东西无容身之地，但其实并非如此。毋宁说，它恰恰将这个共同体定性为一个**伦理**共同体，也就是说由众多自 17
我负责的单一体组成的共同体[③]，一个没有共同性的共同体，或者用德里达后来的话说，一个没有共同体的共同体。不仅如此，将写作定性为从某种公开性（就是当代的宣传套路，连同它特有的抛头露面的形式以及用以判定什么才适合公开播出的媒体标准）后撤，**绝非**要引导我们将这种孤独理解为某种“自我中心的困境”，即想象一个“与世隔绝的”或“与世界无关的”主体——

① “化约”（reduce）指把表面上较为错综复杂的东西还原为较简单明了的东西的行为，在德里达的语汇里，它常意味着对复杂的概念和现实做错误的简化处理。

② 德里达强调了传统的多样性和异质性，因此继承必然意味着选择，而且即使我们选择和其他人一起接受某部分遗产，这个决定也是属于我们个人的，因此继承也必然意味着责任。

③ 在本书中singularity有两种译法，当它强调主体地位时，译成“单一体”，当它突出个体与众不同的特性时，译成“独特性”。

而这已成为世人对笛卡尔式沉思法的标准理解。德里达认为生存体验的性质是“被铭写的栖居”[①]，**他一再声言**，我们的存在是“永远已经被置放的栖居”。我们所有人都早已置身于一个世界中，或者用德里达式语言说，早已置身于“一个文本中”，而且它从一开始就不是“私人的”，不是我们独有的。如海德格尔所言，“在世界之中的存在”**就是**“与他者一起存在”[②]。在德里达的著作里，对主体性、个性和我性的笛卡尔式想象一再遭到质疑。[③]根据那种观念，主体性的特点就是纯粹的内在性，纯粹的“非世界性”，是自我在场的意识所占据的一个内部空间。[④]按照这样的理解，他者的在场永远是一个认识论层面的问题。[⑤]与此相反，德里达认为，人存在于世界之中的“经济”[⑥]，人之“亲在”的栖落过程，是一个“书写空间”，它的每一处都被人自己并未选择的、继承而来的文化和语言渗透，最私密的“与自己无间相处”已经总是包含了他者的踪迹。人与他者的具体关系——

① 在德里达的书中，铭写（inscribe）常指传统（纵向）和环境（横向）事先在我们的生存中留下的、我们无法选择的印记。

② “他者”（other）不是其他人或物，当我们称他人或他物为“他者”时，强调的是他们与主体相比较所具备的不可化约的异质性和他性。

③ “我性”（I-hood）指我之为我的特性。

④ “在场”（名词presence，形容词present）聚合了多重意思，它既是空间上的邻近存在，也是时间上的现在，也包含了“呈现在眼前”的动词意味，可以说西方哲学关于时间、空间、真理、主体、意识等核心概念的核心理解都蕴含其中，所以德里达经常把西方形而上学称为“在场主义”。

⑤ 也就是说，在这种观念中，他者只是主体认识的对象，不具备与主体对等的本体论地位。

⑥ “经济”（economy）这个词自后结构主义出现以来，在学术著作中被严重滥用，早已偏离原来“经济”的意义，常指静态的“结构”或动态的“机制”，或兼而有之。“在世界之中”对应着原文的名词being-in（存在于……之中），这个在英文中并无残缺的说法直接译成汉语就显得残缺，考虑到这句后面的being-there对应于海德格尔的“亲在”（Dasein，指对自身存在有所领会的存在）概念，上文又刚提及海德格尔的“在世界之中的存在”，所以being-in很可能与being-in-the-world内涵相似。

伦理、政治以及日常的“客道”——也是德里达著作中活跃的主题。[①]

至此应该已经清楚，德里达在著作中总是尽力避免任何对作者之名（尤其是自己之名）的崇拜——仿佛对于文本和作品而言，作者是一个真实在场的“主体”，栖居在他所签名的文本源头，是孕育和创生它们的天才。当今撰写的书在正文前经常都有一长串的致谢，为书中的每样东西（除了错误）感谢这位，感谢那位。但我们会发现，德里达的致谢却倾向于 18
出现在正文**里边**，而不仅仅是在它们前面。对德里达来说，向他者致谢不只有个人的意义，更有方法论的意义。我们可以用这一点与吉尔伯特·赖尔的著作《心智的概念》做个比较。[②]虽然那本书以反对笛卡尔的主体性理论而闻名，而且也算名实相副，但是它的文本特征却以另一种方式肯定了笛卡尔的观点。众所周知的是，它没有任何脚注，也没有直接讨论和引用任何其他人（哪怕笛卡尔本人）的著作。但人们很少记起，那本书也没有致谢部分。作为某种辩解，赖尔声称，他的“首要”兴趣是“清除自己系统中的某些混乱”，“其次”才是去帮助别人。我们还可以回顾一下20世纪50年代晚期赖尔在法国某场“分析哲学”研讨会上的言论，有人问他的立场是否与“世纪初罗素所勾勒、后来由维特根斯坦等人加以完善的哲学蓝图完全一致”，他情绪激动地答道：“**我当然希望是不一致的。**”这句话的方法论意义非常重要。尽管赖尔既抵制笛卡尔

① “客道”（hospitality）在德里达的思想中指真正将他者视为他者，而不以主体之价值观为他者准绳的对待他者的态度。

② 吉尔伯特·赖尔（1900—1976），英国哲学家，以批判笛卡尔二元论著称。

孤立式意识的"神话",也抵制笛卡尔空荡世界的"神话"[①],他的文本建构方式却贯注了一种强烈的意识(这种意识正是德里达所抵抗的),就是把孤独的作者想象为一座内在堡垒的唯一居者。[②]

虽然德里达的文本无论形式还是内容都没有体现出向某种单独"主体"——某种被想象成孤立存在于上述境况中的"主体"——的后撤,但他也将作者的现身与某种形式的隐身(远离公开露面和常规的媒体宣传形式)联系起来。他的意思是,在以**单一体**身份表达**自己**的时候,在尽可能让自己的思想烙上自己特有信念的时候,"作者实现了更好的隐身,也就是说,以他者的形式更好地表达了自己,让自己比雄辩者更雄辩地向他者发话"。德里达希望从某种公众性、某种公共知识分子的样板

19 后撤,但由于我们将会看到的原因,这种后撤所呈现出来的"亲在"单一体并非独自居住在一座牢不可破的内在堡垒中,而毋宁说是一个单一的汇聚点,一个对他者极其好客的泊点,一个慷慨的集合地。[③]英语词in发源于古德语词innan,后者的意思是"居住"和"居所",与英语词inn(客栈)有相似之处,我们可以借这层联系将"德里达文本"视为"存在之客栈"的典范。[④]它不是一个原子,而是一个好客的节点。这是多么非凡的节点……

---

① 由于在心智-身体二元中,笛卡尔认为心智才代表了人的本质,当他想象与世隔绝的心智时,与心智相隔绝的世界就成了一个"空荡世界"(uninhabited world)。

② "内在堡垒"指心智的意识。

③ 德里达反对西方传统哲学自我/他者的二元对立和等级秩序,强调自我对他者的开放,强调自我的异质性和多元性。

④ 作者利用同音和词源关系,将上文的being-in(在世界之中的存在)替换成了being-inn(存在之客栈),突出了德里达的自我和主体观念的开放性与包容性。

您先请[①]

上文关于致谢的讨论显示出一种表演性（它似乎始终是德里达著作的一个特征）：作者总是尽力按照文本的运行方式尊重文本自身表达的意思。然而，正如或许已显明的那样，由于这种一以贯之的表演性，德里达的文本也让人晕眩，层次繁复，深不可测，难以卒读，自然也无法介绍。而且，如我们所见，阅读德里达著作时体验到的这种困难究竟是布局谋篇的优点还是缺点，读者们也各执一词。

一位支持他的读者形容说，德里达著作的这种效果给人的冲击就像“大白天撞见了鬼”。我在第一章里说德里达的文本让人深感不安，就是这个意思，这也是为什么读者的反应无论是谴责还是赞美，都非常激烈，为什么如他自己所说，他“**既**被排挤**也**被追捧”。如果通常认为理所当然的事情突然变得难以揣摩，我们所有人都会同时感到一种斥力和一种吸力。面对德里达的著作时，其中一种反应倾向于压制另一种反应。最排斥他的读者觉得他的思想根本无法理解，如果说可以理解，则只能先把它重新加工为某种可以应付的东西，通常这个再加工的结果就是：德里达是怀疑一切的虚无主义者，他认为文本没有任何意义，他 20
声称所有的观点完全等价，他相信阐释意义时无论怎样都行，诸如此类。

加文·科琴[②]便是这样一位德里达的读者，而且他显然花了

① “您先请”（After you）在英语里有歧义，参考下文的讨论。在不适合译成汉语的地方，After you 以原文的形式出现。

② 加文·科琴（1947— ），英国著名的分析马克思主义哲学家。

很大精力来研读德里达的文本。科琴延续了鲜明的维特根斯坦式路数，抵制哲学中的某些诱惑性步骤，他试图表明，德里达那些高空钢索似的文本表演虽然让缺乏主见的读者欣喜若狂，其实不过是基础性的概念错误所导致的结果。他的文本缺乏严谨的逻辑自洽，而是螺旋式地升入一个轨道，在那里，语言完全失去了与自己的联系，失去了与我们的语言生活的联系。因此科琴宣称，德里达的文本有一种特别的空洞感或虚浮感。当我们试图追踪它在高空钢索上的怪异举动时，大雾却从天而降，于是我们意识到"我们其实无言以对"，这一点也就暴露出来了。

科琴竭力让读者生动地感受到缭绕在德里达作品周围的"大雾"，我却认为他无意中帮我们驱散了其中的一部分。而且，既然大雾已经将许多读者与德里达的大陆隔绝开来，从这里开始去仔细领略他的著作就再合适不过了。讨论科琴的担忧最终会把德里达和维特根斯坦以一种融洽的方式联系起来，我希望这也可以为科琴（甚至任何人，比如我）提供一个再思考的契机。

科琴的讨论特别有用的地方在于，它呈现德里达的方式在很大程度上延续了围绕其著作形成的公共形象。按照科琴的说法，构成德里达理论核心的"总体性结论"是：一切"语言中的意义"本质上都是**含混的**，因此我们永远无法确定一个文本（例如某人的话）的意义。正是这条论点破坏了德里达反对者所珍
21 视的严谨性标准。理解文本、探讨和评估观点、推进真理的所有努力都预设了某种可以理解的东西，某种确认的思想，某种能够评估、批驳、认同、欣赏、质疑……的东西。如果不存在"文本的意义"这种东西，如果它总是可以用许多不同的方式来阐释，那

么理解一个文本或者清晰解读其意义的学术抱负就会在后现代对各种精英、经典和霸权的反对声中灰飞烟灭了。根据这样的看法，意义的任何效果要么取决于自由读者赋予意义的主观行为，要么（在一种更具阴谋论色彩的政治观念里）由现存的统治力量操纵。无论如何，出于教育或学术目的阅读不同体裁典范作品的想法——人文学科一直以来所培养的那种传统性或批判性阅读实践——都被彻底破坏了。如果“语言中的意义”本质上是含混的，那么我们所能正当追求的任何理解都不过是一种无奈的认识，即任何确立意义正当性的企图都只是一种暴力行为。

为了阐明他所认为的德里达的“总体性结论”如何从根本上就是不清楚的，科琴抛开了复杂的理论文本或文学文本，回到日常生活。他所想象或回忆的文本事件或言语行为都是他深信毫无疑义的例子：第一种情形是某人真的不确定另一个人的意思；第二种情形与此相反，而且他坚称“更常见”，那就是某人“绝对清楚”另一个人的意思。科琴断言，在后一种情形中，“根本不存在意义上的含混”，听话人通常“立刻”就抓住了说话人的意思。

于是科琴指出，虽然有些例子似乎支持德里达的观点，但无数其他的例子却似乎是反证。他认为，真正完全不清楚的其实是德里达的观点本身。它是“一种空转的语言”，无论读者如何 22
努力，都不可能理解它。

科琴觉得，德里达肯定了**某种类似**普遍“意义含混”的思想，我认为这一点没错。然而，我们必须强调“某种类似”这个限定语，因为德里达明确地用“播撒”（dissemination）这个词来描述他讨论的现象[1]，以与传统的“多义性”（polysemia）概念**相对照**。尽管如此，一种说法的意义在不同的语境下**总会受制于**“内部变换”，这样的看法的确把握到了科琴声称“德里达坚持”的某种认识。

因此，让我们仔细地考察一下科琴举出的例子——他正是以此为据断然宣称“德里达显然错了”。这是一个很好的例子，德里达若在，会比我这里研究得更详细。

> 这是我想到的例子：我为一位年长的女同事扶着门，说了声“After you”[2]。她在我前面出了门，没有说这样的话：“After me？不可思议。多少年都没人追求我了。”她立刻明白了我的意思，但也可能没有。毕竟，用后面的话回答我可能很合适，甚至很俏皮或带有挑逗的意味。但从另一个角度说，不是这样。这样的回答之所以是俏皮的，正是因为她和我都知道，在这种语境下说“After you”是邀请对方在说话人前面出门。这里的意义没有任何含混。某种“行动语境”澄清了意义。德里达显然错了。

我想这是一个相当常见的例子。“After you”这个简洁美妙的短语是一款日常生活中很有用的工具，显然科琴知道如何操

① “播撒”（dissemination）是德里达一本著作的名称，也是解构的一个主题词，按拉丁语词源的意思，它指种子（semen）的传播，但德里达也将词中sem理解为“意义”（如同polysemia的词根），因此这个词就有了“意义扩散”的意思。

② “After you”（您先请）这个短语也可理解为“I'm after you”（我在追求你）的简略形式，也就是说，它在英文里有歧义。为了让上下文的讨论成立，这个短语不能译成中文，必须保留原文。

作它。他尤其知道（他年长的女同事也知道），它可以用来“邀请对方在说话人前面出门”。而且，在刚才的“行动语境”中， 23
它正是这么用的。科琴非常了解这个小工具，自然也知道它可以被俏皮地理解为“我追求你”的简略形式。无疑他本可设计另一种语境，让一个听起来很相似、耳朵几乎无法区分的说法发挥完全不同的功能。例如，在一个截然不同的场景中，两位年老的农民一起劳作，他们同意对方的看法时可能会说“arf der ewe”[①]。然而，如科琴所说，不是这样。在他所想象的“行动语境”中，这个小工具的功能就是“邀请对方在说话人前面出门”。其他工具也可以替他完成这项工作。例如，他可以说“您先走”或者“您在我前面出门”或者“我邀请您在我前面出门”。在这个例子里，他用了更优雅的“After you”，并且没有产生误解：“她立刻明白了我的意思。”“德里达显然错了”——是吗？

不，我不这么认为。我认为科琴的例子表明，他认为**知道一个句子如何用**就**穷竭**了**他心目中**“理解一个句子”的含义。事实上，按照科琴的说法，在这种语境下，说“After you”**就**全然等于“邀请对方在说话人前面出门”，这是它能立刻被理解的原因，再没有别的内容可以**挖掘**。我的确认为德里达对“播撒”（dissemination）的肯定——正如词形所暗示，它标示着作为意义单元的“义素”（seme）的传播——挑战了这种理解。[②]他会说，**总有别的内容可以挖掘**。做到这一点需要一种敏感性，它不可被化约为“知道一个句子如何用”的实用知识。确切地说，这是一种对未言明的**用意**的敏感——即使用法是显而易见的。但

① 这里是模仿“After you”的方言发音。

② “义素”（seme）的译法模仿了“音素”（phoneme）和“词素”（morpheme）的译法。

在科琴的日常例子中，我们也能这么说吗？在这里，除了“知道
24 一个句子如何用”，真的没有什么可**挖掘**了吗？

为了揭示德里达在肯定“播撒”时究竟想肯定什么，我想考虑下面这句话：

> 他为一位年长的女同事开了门，说了声“After you”。

我明白这句话吗？如果在它所嵌入的故事里，有人告诉我们，科琴问候的这位年长的女同事是一位毫无魅力的厌世者，我的理解当然就会有所不同——或者她刚刚在一次会议上公开指责过科琴，或者她是科琴所梦想的那种年长的女同事，又或者科琴常把自己幻想成这样一位女同事。这里我没有引入任何科琴所定义的语义含混，完全没有。但我认为，以上每一种变化都可能影响我们**对句子用意的理解**。我们甚至肯定**并**接受这一点：在每一种情形中，都可以用不同于After you的某种说法邀请对方在他前面出门。然而，如果是这样，对方“立刻明白”这句话就不再是显而易见的事实。相反，无论在这里还是别处，即使语言的用法很明晰，我们仍然可以找到句子中尚未“读出”的某种东西，因此它仍须继续读。为充分说明这一点，让我们为科琴的例子想象一个简短的后续场景：

> 他为一位年长的女同事开了门，说了声“After you”。说完这话，他和前日一样离开了她。

你现在还确信，当他说“After you”时，“她立刻明白了[他]的

意思”？那下面这个后续场景呢？

> 他为一位年长的女同事开了门，说了声“After you”。说完这话，他和前日一样跟在她后面。 25

这次我们还能肯定，当他对她说“After you”时，“她立刻明白了［他］的意思”这个判断“绝对清楚”吗？这只是两条路径，事实上这个小工具可以嵌入**无数**不同的语境中。在每种情形中，无须利用这个短语任何语义上的含混（它的数量是有限的），我们就可以说，我们有**不同的**理解（它与多义性意义上的含混无关）。这就是德里达所说的“播撒”的意思，而且在德里达的理论中，它并非只是语言生活里一个（或好或坏的）事实，我们不得不忍受的事实，某人可以时不时借助某种独立可辨的语言工具加以利用的事实。相反，我们将会看到，根据德里达的观点，这种将一种文本形式嵌入（严格说来无数）不同语境链条中的可能性正是它**成为**其所是的文本形式的根基。该观点强调的是，被嵌入的材料是开放的，它能表达某种新东西，某种足够独特、通常无法“立刻明白”的东西。与此相对照，科琴在面对某位“After you”的使用者时采用的方法是，故意将“我绝对清楚，你的话是这个意思，不是那个意思，他们的话是这个意思，不是那个意思”的情形处理为“更常见”的情形。这种解读不想在文本中留下任何吸引人的东西，任何独特的、**等待显现**的东西。

在这样做的时候，他忽略了**按照自己的“理解”概念**他有时愿意肯定的那种东西。我们或许也会注意到，这正是维特根斯坦努力教我们避免的情况——构成科琴论证背景的正是他在

《哲学研究》中提出的关于句子用法的理论。我在下文引用了那本书中的话，你们会发现，我刚才一直在将科琴的例子拖向维特根斯坦的另一条路径。事实上，我为科琴的场景补充的某个句子就出自维特根斯坦本人，而他的主题恰好是，我们所说的“理
26 解一个句子”是否仅仅意味着知道它的用法：

> “说完这话，他和前日一样离开了她。”——
>
> 我理解这个句子吗？如果我在一段故事里听到它，我的理解是否符合它应有的意思？如果它是孤立放置的，我应该说，我不知道它的用意是什么。但不管怎样，我应该知道这个句子如何使用，我可以自己设计一个语境。

> （众多熟悉的路径从这些词语出发，向各个方向延伸。）

> 我们说理解一个句子，意味着它可以被另一个表达同样意思的句子取代，也意味着它不可以被其他任何句子取代。（就像一个音乐主题被另一个取代的情形。）

> 那么，“理解”在这里竟有两种不同的意思？——我宁愿说这些“理解”的用法构成了它的意思，构成了我的“理解”**概念**。因为我**愿意**将“理解”这个词应用于所有这些情形。

> 只在一个特定意义上**听到**一个词，若有这样的事，那会多么奇怪！

像**这样**表达，像这样强调，以这种方式听到，这个句子只不过是一系列句子中的第一个，借助它们我们过渡到**这些**句子、图像和行动。

((众多熟悉的路径从这些词语出发，向各个方向延伸。))

我稍微压缩了这段引文，部分原因是为了节省篇幅。然而，我希望这些已足以帮助我们解读科琴的缺点，那就是他只想把自己的“理解”概念的一部分称为“理解”。

我适当压缩维特根斯坦的原话，也是为了让读者一眼就看到，**肯定“播撒”的句子**“众多熟悉的路径从这些词语出发，向
各个方向延伸”重复出现。重复同一个句子取得了什么效果？ 27
维特根斯坦是否觉得，**没有什么**比它更合适？两次出现时它的功能是否相同，意思是否相同？为什么第二次要加双括号？这只是一个风格问题吗？我提这些问题，并非因为我已经知道如何自信地、不容置疑地回答，而是因为我不知道。而且，我之所以提醒读者注意，科琴对何为“更常见”的理解是过度简化的，正是因为人们会认为，他努力接受维特根斯坦的漫长历程本身就诱使我们用一个文本来考虑这个时间。他为何会忽略这个事实——他所称的“维特根斯坦式的教育”就包含了反复阅读维特根斯坦晚期的著述？科琴把这段“历程”形容为“准自传式的”，他将这一点刻意与下述事实联系起来：此历程中显著的定向与再定向的运动对他影响太深，一想到当年自己曾信奉的“思想和感知”方式，他就会“如芒在背”、“尴尬不已”。这里的情形恰恰不是“立刻明白意思”，而是科琴发展、改变和修正他对

维特根斯坦文本的**理解**的一种运动，而这种理解在他看来，“至少”经常“在某种程度上是……一种**误解**”。难道这种准自传运动的旅程与《哲学研究》的写作方式无关吗？如果反驳的理由是，这样的文本太不典型，太不常见，“更常见”的情形是某人“绝对清楚”别人的话“是这个意思，不是那个意思”，那么看起来就是科琴自己更痴迷于用可以称为“形而上学”的方式（也就是希望“绝对地”谈论事物）来理解运行在“语言、生活和语境**之中**”的“更常见”的东西。

德里达想质疑的正是这种对语言生活之日常性的“形而上学”理解。事实上，他明确地邀请我们思考，当我们认为语言的意思应当可以**立即**把握，根据此观念来理解一位他者的话，并
28 希望将这种情形定义为“更常见”的情形时，我们究竟在希望什么。正如我们在下一章会看到的，德里达指出，他在《论书写学》（当然不限于此书）中开展的工作的“最终目的”是让人们自以为借助“即时性”“邻近性”或“在场”等词语已经理解的东西——或许尤其是我们自以为借助它们可以立即理解的那些东
29 西——“变得神秘难解”。

第三章

解读逻各斯中心主义的遗产

在上一章末尾，我介绍了德里达为其开创性著作《论书写学》设定的“最终目的”。问题不在于试图**否定**（实际上是试图**肯定**）我们表达自己的那种天真、常规的方式，而是帮助我们发现，他认为我们在哲学中倾向于觉得不够重要的东西其实很重要。他在书中构建的是一个“理论矩阵”，他希望它能帮助我们完成这一任务：开辟空间，以一种新的方式解读哲学传统，解读它的主导性结构和思维模式，揭示它对“即时性”“邻近性”“在场”之类概念的系统性依赖（如今看来诉诸此类概念是缺乏批判性的）。德里达“**以特定的方式**”栖居在哲学传统内部，创造性地、选择性地利用旧建筑的部分构件，以求阐明它内部那些将它带往另一个方向、给它一个未来的运动。

这一点值得强调。许多人将德里达视为怀疑一切的虚无主义者，一些人对他充满憎惧，另一些人则因为有可能在以“解构”之名为世所知的理论中找到某种彻底摧毁欧洲哲学遗产的东西而兴奋不已。作为对这些看法的回应，德里达的文本开始更直

接地声言，以解构的名义展开的解读工作并不涉及对思想遗产
30 的拒斥：

> 我非常喜爱以我自己的方式所解构的一切，我想从解构角度来阅读的文本都是我喜爱的文本，带有阅读所不可或缺的认同冲动。我认为这些文本的未来在很长一段时间内都不会枯竭……柏拉图的签名还没有完成……尼采的也没有，圣奥古斯丁的也没有。

慢慢地，读者开始理解，德里达并非出于对哲学遗产的“批判怒火”而写作，而是为这种遗产、出于热爱而写作，他尤其关心的是为它创造一个未来——在它自己预期的未来之外的未来。

然而，如我们所见，对德里达文本的标准误解与它内部的那些断层线相对应。他的著作将我们现有的（自我）理解能力推到了忍耐的极限，公开抵抗用熟悉的哲学规范包装它的任何尝试，从而也就抵抗了“立即理解”。其结果就是——借用罗兰·巴特的术语——一种深度**作者型**的文本[①]，有时甚至令人绝望。这个术语描述的文本拒绝遵从读者对某种类型或体裁（不管是小说还是哲学著作）的写作规范的惯常期待。阅读德里达的文本时那些现成可用的资源似乎让我们陷入一种结构性的失能，无法理解书中发生了什么，用意何在。

那么一方面，我们可能会不自觉地依赖某些不恰当的阐释

---

① 罗兰·巴特（1915—1980），法国著名后结构主义思想家。他将文本分为作者型（writerly）和读者型（readerly）两种，前者需要读者深度介入阅读活动、参与意义生产。

密钥（怀疑主义、相对主义、虚无主义）来阅读一个尝试某种新东西的哲学文本。因此我们需要告诫自己，不要仓促地宣告，自己知道以“解构”之名解读哲学遗产的工作取得了怎样的结果。我们所继承的接受哲学文本的方法可能妨碍我们更好地（不像
通常那样糟糕地）阅读德里达。事实上，接受这种非常规的哲 31
学资源只能是这样的读者，他们发现自己继承的哲学资源既是阐释的工具，也是阐释的障碍。但另一方面，读者的阐释任务并非全无希望，即使它从不会完全结束。对我们遗产的某种贡献——它不甘心自己无法留下任何吸引人的东西，任何需要进一步思考的东西，任何独特的、**等待显现**的东西——某种名实相副的对遗产的贡献，本身就会引导我们如何成为这种新贡献的读者。[①]

所以，虽然我确信（这让人遗憾），我们在德里达创造的不寻常的文本环境中很难向前推进，这是其构成方式的内在属性——是其结构中一种顽固到无法修正的特点/裂隙，但我同样确信，学会忍受这种持续的煎熬，不知道你的方向，不知道“它究竟是什么意思”，重新学习“想知道它究竟是什么意思”可能是什么意思，也是德里达式教育的一部分。在本章的第一部分，我准备研读德里达的开创性著作《论书写学》的前言，它最仔细、最富于启发性地预见到了可能横在读者前面的种种陷阱和抱负。在第二部分，我将追踪前言后面立刻列出的一系列试探性步骤——通过这番惊人的努力，德里达让堪称**世界历史上某种新变异**的东西呈现于我们面前。

① 这句话的“贡献”指的是德里达的解构理论。

未-来的前言[1]

《论书写学》从一篇只有一页多的前言开始。这是一篇很传统的前言，因为它开门见山地介绍了作者的意图。然而，这种遵守规范的做法也使得它介入了一个传统的哲学问题，它至少可追溯至黑格尔，因为他曾要求读者别把他的前言太当回事。前言的问题在于，“前言”（拉丁文prae-fatio）的词形意味着它是“事先的说法”[2]，但它实际却是事后的产物，作于作品完成之后，
32 位于（真正的）作品之外，因此那部真正的作品才是写作前言之前的名实相副的“前言”。德里达在《论书写学》的前言中并没有详述关于前言的逻辑。然而，五年后出版的《播撒》有一篇长达50多页的前言，前言的地位在那儿的确成为明确的主题，把德里达后来的言论放在此前那些看似更传统的前言前，对我们会有启发：

> 前言以将来时（“这就是你将读到的”）宣布已经写好的作品的思想内容或意义。因此，在充分阅读的基础上，作品的意义要旨被概括起来，提前呈现。从［这个］角度（它重新制造了一种事后的述说意图）出发，［主要］文本是作为某种写完的东西而存在的——它是一个过去，却冒充一个现在，被一位隐藏的无所不能的作者（完全掌控其产品）当作他的未来呈现给读者。“这就是我写的东西，读吧，我正

① 在本书的译文中，“未-来”对应于to come，“未来”对应于future，后者是时间概念，是纯粹的名词，前者不是时间概念，兼有名词和动词的意味。

② 拉丁文前缀prae-意思是“在……之前”，fatio的动词词根是“说”的意思。

> 在写的东西你也将读到。然后，你又可以占有你其实尚未开始阅读的前言——尽管一旦读过它，你就已经预料到随后的一切，因此你不读其余的部分也无妨。”

前言的“前”使未来成为现在，这个未来事实上已经写完，已经过去。于是，有人可能会问，是否真的存在一种为未-来而作的前言，在它那里，未-来真正“未-来”，而没变成别的东西。或许存在，但必须满足这个条件：未-来的东西总是已经抵抗住了“**完全**概括”的想法——而这可能是前言作者尤其是哲学体系作者的梦想。①

如我所说，《论书写学》从一篇简短的前言开始。德里达在里面非常坦率地告诉了我们书的内容和“指导性意图”。他将其描述为一种“问题化”，就是暴露文本“批判性阅读”的传 33
统路数的问题（因此后来他会讨论**书写**在历史，尤其是哲学史上的地位，但这点我们后面再谈）。他声言，这种问题化要求我们彻底调整关于人类历史演进的各种“古典”观念。更确切地说，它“要求阅读行为将其自身……从各种古典的历史范畴中解放出来”。尽管德里达并不认为这意味着放弃或拒斥“古典规范”（例如关于历史研究中分期的规范），但在此框架下，那种将历史视为朝着确定终局渐次展开（或许体现为清晰的时期、阶段或时代）的线性发展的观念——该观念仍然控制着阐释从古代到我们“现代”整个历史进程的各种努力——会变得难以成立或难以理解。

---

① “总是已经”（always already）是德里达最常用的一个说法，它表明了解构对“起源”和“终极”概念的否定。

在试图理解我们“当今”的世界究竟在发生什么时，德里达和当今的大多数人不同，他很严肃地思考这个问题：一个有鲜明哲学印记的传统在多大程度上影响了我们的历史理解。这个哲学传统认为，人类历史从总体上说是一个分阶段、受目的指引的（或者说“目的论的”）运动，它从原始的或者说“野蛮的”动物性起源朝着理想的、完全人性的未-来人类终局或者历史终局前进。德里达通常会把西方经典库中所有重要的形而上学体系归入这个传统，并且会宣称（我觉得这有些令人惊讶），塑造这种历史观念的一直都是一种对**书写**史的独特阐释。因此，德里达关于何为书写的沉思——他的新“书写学计划”——相当于以侵入他所解读的古典哲学传统的心脏地带为目标，在他看来，我们“当今时代”的自我理解仍然留有这个传统的深刻印记。德里达抵抗古典哲学为世界历史所建立的线性目的论模型，这是他努力为哲学开辟新方向的核心工作——如下文所示，该方向将不再被目的论左右。德里达的新“书写学”退到了我们数百
34 年来通常借以理解自身的一系列二元对立后面，它甚至不再受传统上最激进的分期标准——“自然与文化的对立，兽性与人性的对立，等等”——控制。我们借以理解我们自己这个实体的整个观念结构——大写的“人类”观念和关于应有的“人类终局”的观念——都将受到他的质疑。

这番分析的视野之广阔令人难以置信。然而，与之平衡的谦逊态度却值得强调。一方面希望“尊重古典规范”，另一方面试图创造性地开辟一条挑战现代西方思想奠基性资源的路径，做到这一点绝非易事，德里达声称“在此过程中他无法不让[自己]尴尬”。正如我希望在本节余下部分表明的那样，德里达重

新解读西方现代性遗产的工作不可能避免这种尴尬。这并非仅仅因为他的工作必然会在我们的自我理解中（事实也如此）产生难以忍受的观念裂隙和断层，更因为在一个**自身**只能写成未-来的前言的文本里，这样的裂隙和断层必然会增殖和累积。我们将会看见，德里达与西方现代性的交锋是以一种朝向“未来世界”的开放性为引导之光的，而这个世界无法化约为任何现存的或在我们时代立刻可利用的东西（例如，无法化约为现在对某个“未来的现在”的盼望或预期）。[1]这样一种“未-来”的未来如何能**引导**在“此时此地”从事的研究，是这类研究无法毫无问题地表述的，哲学关于（例如）引导和光二者关系的传统讨论也无济于事。[2]引导德里达的光不是来自一幅真正属于人类之未来的远景——一个我们**终于**学会如何生活的未来——而是一种（在“此时此地”的）动力或冲动，它源于奋力开辟出一个不以此种人类终局为目标的“方向”的信念、承诺和保证。如他所言，“倘若存在一个无条件律令，它就是为保持未来的开放做一切努 35
力”。我将在下文继续阐述这个观点。

《论书写学》分为两大部分。第一部分名为“字母之前的书写”，正如我所说，它“勾勒出了一个理论矩阵”。建立这个概念框架旨在为“恢复书写地位”的努力正名，进而为重新阐释或解读哲学史提供一个杠杆。第二部分名为“自然、文化与书写”，主要探讨如何绕到西方传统对世界历史的理解背后，它分析的

---

① 在目的论、决定论的宇宙观框架内，未来其实早已确定，所谓未来只是还未来临的现在，所以是“未来的现在”。

② 德里达在《书写与差异》中指出，传统西方哲学是一种推崇视觉的哲学，是以光明、黑暗的二元隐喻为基础展开的。因此，“引导”（guidance）和“光”（light）之间存在必然联系，例如《约翰福音》中道成肉身的道就是黑暗中的光。

是突出表达了这种思想的卢梭著作。

第一部分的开篇很短，仅有两页多的篇幅，它的标题“铭文”颇为神秘（至少我这样觉得）。这段文字的发端是三则有数字标号的引文，按德里达所说，它们构成了“三重铭文”：

1. 在书写的科学中出类拔萃的人将像太阳一样灿烂。一位抄写员（EP，第87页）
   啊，萨玛斯（太阳神），通过你的光，你可以扫视所有的土地，仿佛它们都是楔形文字（同上）
2. 这三种书写方式几乎完美地对应于人们考察民族形成时所依据的三个不同阶段：描摹物体适合野蛮民族；词语和想法的象征符号适合半野蛮民族；字母适合文明民族。卢梭，《论语言的起源》
3. 字母文字无论就自身而言还是对自身而言都是最智慧的。黑格尔，《哲学全书》

第一则“铭文”由两句引文构成，它们的出处都早于西方的
36 古典时代，是德里达从《各民族的书写与心理》（*L'écriture et la psychologie des peuples*，这里德里达缩写为EP）中择取的古人的话，《论书写学》第一部分是以1965年的一篇长书评为基础写成的，评论的两本书其中一本就是它。这两句古话合起来预示了德里达自己的书写学（他自己的“书写科学”）蓝图，而且与我们刚提到的谦卑态度相对照，它们所表达的雄心坦率得令人惊讶。第二则“铭文”代表了一种深度**种族中心主义**（德里达想借这个词标示出鼓吹“西方人”优于其他任何人类族群的理论）、

语音中心主义（德里达想借这个词标示出认定"语音"优于"书写"的理论）的书写史观念，为后面对卢梭的解读做了铺垫——德里达认为，卢梭在他（德里达）定义的我们的"时代"或"阶段"（我们至今仍未走出）里占据了范例的位置。如果我们预判，在哲学史上，那种据信是"人类"所独有的**智力**一再被确定为掌握一种**纯粹理性秩序**（或者说理念性"**逻各斯**"）的能力[①]，那么出自黑格尔的第三则"铭文"则预示着上述**种族中心主义**、**语音中心主义**的观念同时也是**逻各斯中心主义**（德里达想借这个词标示出相信所谓"理念性意义"具备某种不可化约性的理论）的。[②]

在上述三则引文后面，德里达向我们解释了引用它们的目的，或者说"它们用来聚焦于"什么问题。接下来的一页我们需要读得格外仔细，因为德里达论述的节奏**非常**缓慢。"三重铭文"所宣告或者聚焦的内容

（一）"**不只是**"与**拼音**文字的观念相联系的一种明显的**种族中心主义**，也

① 在西方哲学中，intelligibility（字面意思是"可理解性"）和sensibility（字面意思是"可感觉性"）划分了两个客体领域，前者对应于主体的理性，后者对应于主体的感性。如果从主体的角度说，"理性"则一般表达为reason，它和intelligibility具有相互映射的关系，所以本书中简单译成"理性"。"逻各斯"（logos）是古希腊哲学的一个核心概念。赫拉克利特最早使用了这个概念，认为逻各斯是隐秘的智慧，是万物变化的尺度和准则。由于logos一词在古希腊语中常指语言，后来的斯多葛主义者又区分了两种逻各斯，一种指理性和本质，另一种指传达这种理性和本质的语言。亚历山大的斐洛将此概念引入了基督教，让内在的逻各斯和外在的逻各斯分别对应于上帝的智慧和上帝的言辞。无论如何理解逻各斯，它总是表达了两个核心信念：一是宇宙存在着超越时空变化的永恒本质，二是这种永恒本质可以用理性的语言传达。

② "理念性意义"（ideal meaning）指作为意识对象的意义，与外显于语言的意义相对，因此与作为"道"的逻各斯密切相关。

（二）“**不仅仅是**”一种明显的**逻各斯中心主义**，他声称，逻各斯中心主义一直控制着（但**同时也**以某种方式一直遭到其挑战）

（1）在一个书写拼音化必须掩饰自身历史的世界里的**书写观念**

（2）一直将总体性真理的起源归于**逻各斯**的**形而上学历史**

（3）**科学**观念

而且

（三）“**不仅仅**”宣告一种书写的科学或者说书写学正在全世界显示出解放的征兆

但是，它最终用这“三重铭文”

（四）“**尤其**”暗示了一点：书写的科学面临着永远不能确立为其所是的风险（例如，它可能不会有统一自洽的计划、方法的阐述、边界的设定，等等）。这是因为，这样一种把我们从逻各斯中心主义思维模式统治下的时代解放出来的科学，其概念本身只有在这个时代**之内**，在这种统治**之下**，“对我们才有意义”。

然而，如我所示，德里达虽然也在这个时代生活，这个事实却没能阻止他为一种新的书写学计划采取多少算得上系统化的步骤，或者阻止他在理论之路上的跋涉。因此，他在总结时用了最后的一个（遵循他的谨慎习惯）

（五）“**也许**”：“也许，针对这个暂时仍然称为‘书写’的东

> 西并且围绕它做耐心的思考和艰苦的研究”依然不
> 失为“忠诚于一个未来世界”的一条路，那样一个未 38
> 来我们现在还无法测度，它位于每一条现在测度或
> 预见的地平线之外，但又具备某种“现在就宣告其存
> 在”的**急迫性**。

无疑，在这个未来世界里，对世界历史和人类生活意义的经典（西方）理解将不再占统治地位（因此，如果德里达观点无误的话，“符号、词语和书写的价值”也将“受到质疑”）。然而，既然这个“未来世界”恰恰**不是**一个我们在现在世界的地平线内能够测度的未来，而是一个“知识闭合圈之外”的未来世界，我们就不得不承认，“针对这个未来世界……针对这个引导我们前方这个未来的未来，目前还没有任何铭文”。[①]

前言的逻辑一直在发挥作用。然而在《论书写学》中，我们找到了一篇真正像前言的作品，以它为前言的作品不再抢先占据了前-言的位置。尽管如此，我们或许有理由**希望**，这篇像前言的作品**一定是**忠诚于那个未来世界的。这是德里达的“弥赛亚式”希望，一种**没有**弥赛亚主义固定内涵的弥赛亚主义[②]，因为这种希望所希望的未来世界恰恰不再被那种渴盼最后终局来临

---

① “引导我们前方这个未来的未来”中的第一个“未来”指尚未变成现实但终将变成现实的未来，第二个“未来”是解构意义上的未来，是一个跳出目的论、决定论的开放性未来，详见下文的讨论。

② 弥赛亚主义（messianism）和弥赛亚精神（messianicity）是德里达提出的既有关联又有区别的一对概念。弥赛亚主义指建立在《圣经》的弥赛亚信仰和特殊启示之上的具体的宗教体系（犹太教、基督教和伊斯兰教），它们都体现了人类对理想社会的憧憬，然而由于狭隘的“选民”意识和宗教信条的束缚，这些体系不足以成为未来人类社会的基石。但另一方面，它们在不同程度上反映了人类的一种普遍心理结构，一种面向未来的开放心态、一种对公正社会的期待和信仰，这就是弥赛亚精神。

的经典希望所统治。这就是前文提到的一个有些令人晕眩的想法：新的“方向”不能（也决不允许）理解为朝向最后的“人类终局”的“方向”，这种目的对“我们”而言不会是又一个以人类为标尺的目的。在德里达看来，解构通过一种创造性的运动朝着一个未来前进，在这个未来，朝着未来运动这个概念本身都获得了崭新的、不再受制于目的论的含义。不是为人类设计的一个新方向或另一个方向，而是不再以人类为唯一标尺的方向，一个恰恰允许未来保持未-来性的方向。所以到目前为止，德里达著作的意义（我既指这个词字面的意思，也指它的评价性含义）还很不确定，因为它产生的**前提**是忠诚于一个“知识闭合圈之
39 外”的未-来。然而，德里达与我们打赌（以他自己为赌注），他关于书写的书写是已然成为未-来前言的“一条思想之路（一种思维方式）的蜿蜒”[①]。

在晚期的著述中，德里达将编码在这种弥赛亚式希望（这种西方种族中心主义**和**反种族中心主义之外的希望）中的“政治”观念称为“未-来民主”。然而，即使这个（看似熟悉的）名称也并不指望能为未-来指定一个明确的“目的地”。如德里达所说，称它为“民主”的理由是在希望内部的一个褶：它包含着一个“向未来敞开的”信念和“保证”：

> 因为民主仍然未-来，**只要它存在**，这就是它的本质：它不仅永远可以无限地改进，因此永远都不完善，永远指向未来，而且由于它属于承诺的时间，在每一个未-来的时间

① 原文的way of thinking由于wanderings（蜿蜒）的存在而具备了双重意义，所以译文同时提供了两种译法。

里，它都会一直存在。

所以，德里达所召唤的引导他的未来世界概念并非某种关于被期盼的“未来的现在”的概念或理想。尽管如此，他的确希望自己的著作能够表达一种承诺或信念，它属于一种“在此时此地”行动的努力，它仿佛以一种生产未来的方式推动自己向前。因此，“未-来民主”的“只要它存在”就包含了一种核心的指涉——指向**现在**已经发生的东西——我们可以称之为“解构”。我们该如何理解这一点？无疑，这个“未-来民主”的“现在”所暗示的时间扭力使得它难以把握。

困难之处在于，需要竭力记住，在一个让未来保持开放的承诺或保证或信念的“此时此地”，未-来以一种特定的方式来临，也就是说**以现在尽其所能**阻止某种永远都为时过早的胜利宣告
（宣告某种**终极的到达**或者说历史的最终结局——这种到达在 40
任何“未来的现在”都为时过早）**的方式**来临。因此我们可以说，德里达一直努力在任何“此时此地”生产的是这样一种哲学文本-事件[①]，在某些点上，它应该实质上位于它自己之“此时此地”的地平线以外。这种文本不甘心无法留下任何吸引人的东西，倘若现在它不能被彻底消耗或者立即被全部理解，它会欣然欢迎这样的机会。这种文本和作为其读者的我们都留在我们前面，始终未-来。[②]

① 如同爱因斯坦的相对论用“事件”取代了经典物理学的“物体”，从而用动态时空取代了牛顿的静态时空，这里“文本-事件”的说法也突出了文本是一个过程而非东西的动态特征。

② 这种阅读会不断产生意义，但永远不会产生终极意义，因而引导读者不断向前，在这个意义上，文本和读者都在读者前面，“始终未-来”。

我在倒数第二章会返回德里达著作里的民主主题。此刻我只想借此表明（我很愿这样做），谈论德里达文本中显而易见的**技艺**大致是什么意思。

人们通常把技艺简单地理解为一位大师令人惊叹的“专门技巧”，德里达哲学文本-事件的技艺却不同，它是一种以他为源头的表演，不可化约为以他为表演者的表演；我们完全不可能指望将这种“此时此地”的事件当作“**他的**能力”的简单纯粹表达形式，或者不加限定地称为“**他的**表演”。正如德里达在他生前出版的最后一本书《流氓》中所说，“对主权的某种无条件放弃是一种先验的要求”。

有趣的是（我也认为这是合理的），这里讨论的结构不可能通过关于自愿的、有意的行动的那套语法实现完全的稳定。它的确是有意的（彻头彻尾如此），但这种有意的行为并未从其内部（彻头彻尾）排除“让”某种不可预见、不可阻止的东西“发生”的可能性。

虽然我的确把德里达看作这种意义上的技艺大师，但我认为在这方面他并非与众不同。任何发现恰当词语，或者让球笔直行进、或者将球踢入人群或球门的人都知道，虽然这个结果是
41 通过他这个人的肉身发生的，但把它仅仅理解为这个“人形主体”让某个“对象-物体”或者“事件-时刻”发生的有意行为，是很不充分的。它发生了，**在此事件中**主动性和被动性无法切割并精确地分配给这个表演行为的各个部分。它既是完全有意的，也是自动发生的。这并不意味着表演者只能认为自己“被附了体”，那无非是将另一个行为者的意向性**拽入**这个事件；但也不能完全把它视为“表达”，那样这个事件无非是将自己的某种

东西“**推出来**”[①]。我们开始意识到，有个令人惊讶的主题在我们思考人类技艺高峰时从未远离，这个主题显然也让德里达惊讶并且成为其文本的推动力：它就是书写。 42

① 英文express（表达）的拉丁词源义就是“推”（press）“出来”（ex-）。

第四章

转向书写

对于作为一个哲学主题的书写，德里达尤其关注，他的切入点是关于书写地位的一种**怀疑态度**（他将其视为“最具代表性的哲学运动”），柏拉图《斐德若篇》中对书写的谴责已经反映出此种态度，因此这个传统可以回溯“至少约20个世纪”。但另一方面，这个传统也不是一种静态的秩序，在这个最具代表性的哲学运动的时间范围内，德里达发现了一个变化的趋势，当“各种迥然不同的研究”最后全部将注意力转向**语言**的时候，它终于显示于世人面前。

今天，人们经常谈论所谓的“语言转向”，其含义是晚近时代的思想研究已经将其探析的问题归结为**关于**语言的问题，或者至少这些问题的解决从根本上说**取决于**对语言的正确分析。在德里达看来，这个“转向”由来已久，也远非与传统或者形而上学决裂。他认为，从它最深处的轨迹看，它其实是这个传统的最高点，按照他的说法，它显明了西方形而上学传统的深层构造，既未完成它，也未取代它。

德里达是这个语言转向的一部分吗？他的著作构成了它的一个时刻吗？既然他强调我们有必要“显明语言体验”，答案似 43
乎是肯定的。事实上，德里达的著作经常被看作语言转向的极端例子，这样做也不无道理。他声称，阅读工作“不能越出文本，朝向某种不同于它的东西，而无损其正当性”，还说（声名狼藉的一句话）“文本之外无物存在”，这都让人觉得，他在研究中选择了语言转向，甚至勾勒出某种语言唯心主义。在德里达看来，“书写的人”和一般被视为“这些‘血肉之躯’的真实生活”的一切都不是存在于我们通常相信可以毫无问题地界定为“某某的文本”的那种东西“外面或后面”的某种东西。相反，他坚持认为，这个“真实生活”本身就是某种“铭写在一个已确定的文本系统中”的东西。

这样，就只剩下语言了。

倘若**这**就是德里达所说的，平日那些针对他的谴责和羞辱之词或许就不算过分了，他就犯了荒谬**夸大**语言重要性的错误。倘若德里达在上面的引文中所召唤的“文本系统”真的是一个“语言系统”，那么我们肯定在他去世之前很久就已经不理会他了。但它从来不是后者，绝对不是。

若要对“文本之外无物存在”这类表述有起码的理解，我们务必先意识到，在这里发生作用的“文本”概念与语言系统无关，而与**书写的结构**有关——关于“书写”的含义我将在本章和下一章探讨解释。传统观点认为，语音先于书写，我们自己也天然觉得如此。然而，德里达的著作却提出了一种新见解，它值得我们仔细考虑。对德里达而言，语言以及我们认为属于语言的一切——词语、句子、符号、语音、书写（通常意义上的）、规则、

44 意思、指代关系等等——都因为书写（按照他的新定义）的结构才成为可能，它们只能被后者“打开”，最终也必须按照后者来理解：“书写于是**包含了**语言。”

由于有了这种新观念，德里达的文本远不是哲学中**语言**转向的一部分，而是努力在它之外去研究，更准确地说是给它定位。事实上，正如《论书写学》第一章开头强调的那样，德里达认为，当前的语言转向并非为建立令人满意的、严谨的哲学而**非采用不可的方法**，而更像是我们仍未走出的这个时代的**历史必然**。德里达还认为，这是一个旧观念体系日益颓败的时代，“似乎正在走向自身真正的**衰竭**”。正如我们将要看到的那样，德里达宣称，随着我们时代**书写学转向**在各个领域的出现，我们正在目睹堪称“书写历史上和作为书写的历史上新变异”的东西：

> 无论如何思考**语言这个问题**，它从来都不是一个普通的问题。但它从来都没有像现在这样作为一个问题侵入各种迥然不同的研究、各种彼此各异的话语的全局视野中……“语言”这个词的贬值（它蛊惑我们的时候却暴露了一套不严谨的语汇）、某种廉价魅术的诱惑、对时尚的被动屈从和某种先锋的意识（其实是无知）都是这种效应的证据。“语言”这个符号的通胀就是符号本身的通胀、绝对的通胀、通胀本身。然而，由于它的一个方面或一个影子，它自己仍然是一个符号：这个危机也是一种症候。它仿佛身不由己地表明，一个历史–形而上学的时代必须最终将它的整个问题视域确定为语言。它必须这样做……因为……语言的根本生存已经遭到威胁……当看似溢出它之外的无限

> 所指已不再能让它对自己感到确信，已不再能将它包容其中并为它提供保证。
>
> 通过一种缓慢的运动（其必然性几乎无法感知），至少
> 两千年来一直向语言之名汇集，并最终聚合在语言之名下 45
> 的一切已经开始让自己转移到书写之名下，或者至少成为
> 它概括的内容。

这种恢宏的历史视野在《论书写学》的开篇就已如此自信地展现出来，它所确立的方向德里达的文本自始至终都未偏离。对于当代出现的语言和符号的通胀（所谓的“语言转向”），他骤然暴露的敌意也与众不同。那种转向的广泛蔓延（他提出，与其说它是在我们传统的历史演化中的一次“转向”，不如说是一种“径直向前”）并未被他看成充满潜力的哲学进步，而被当作一种文化的贫困，这一运动不仅缺乏清楚陈述的理由来支撑，而且被他形容为以“不严谨的语汇”为特征的“廉价魅术”和“时尚”，总之是一个凸显“无知”的转向，而非一种充满力量的理论新进展。另一方面，德里达也把这种历史演化（语言符号在思想文化的如此多个领域都被推到前台）本身看成一种迹象或症候：语言以这种方式进入中心，是因为曾经看似坚实地支撑语言的地位、让它**无懈可击**的一切，曾经让我们深信语言的**实际**与我们的语言**观念**相符的一切，确切地说就是与一种纯粹理性（意义、观念性）相对应的外在或者说可感的意指系统，一种传统上按照**神圣词语**或者**神圣逻各斯**（“无限所指”）来把握的秩序，已经开始解体。

有人可能想借用尼采“上帝已死”的宣告来阐释德里达针

对这种“未祛魅”的语言意义观提出的“祛魅”的观点。但我更愿意这样理解：德里达关于书写史（尤其要加上**作为**书写的历史）的阐述，以及他对我们时代某种“书”的概念走向终结的分析以一种新的、强有力的方式为这个意义混乱的口号注入了内
46 容。当然，通过书写这个看似毫不起眼、毫不重要的话题来阐述如此宏大的主题，这种可能性的确显得不同寻常。但是按照德里达的说法，在符号的观念（我们今天通常仍然借助它来理解书写）和“基督教创世论的时代（当基督教资源将古希腊观念的资源据为己有的时候）”之间存在系统的、不可消解的联系。

这种联系的关键是语言符号的古典解释——将它们看成一个（现世的）可感的能指和一个（理念的、心理的、概念的）可知的所指的结合体。虽然这个所指并不需要处处都与造物主上帝的神圣逻各斯观念相联系，但作为“理性的纯洁面容”，它仍然立刻就与一般逻各斯的观念、与一种纯粹理性秩序的观念纠缠在一起。这种观念就是无法与它在神圣逻各斯思想里的“形而上学-神学之根”“无害地分开”——文字作证，神圣逻各斯就是“太初”上帝的亲在，这样归根结底，它也就无法与上帝的“言语或面容”分开。所以按照德里达的说法，“符号和神性有相同的出生地点和出生时间。符号时代本质上是神学时代”。而且，在这样一个时代，**书写**既然正好是现世的或可感的能指的形象化投射，**本质上**外在于作为纯粹理性的逻各斯，就只能遭受“被贬低”的命运。

如果现在是书写而非语言开始强行成为思想和研究的汇聚点，那么“人类”的方向或许正在经历一个划时代的变化：人类生活和人类历史的基础结构将不再以“具备逻各斯能力的生物”

（希腊语zōon logon echon，罗马共和国时代的拉丁语译作animal rationale，其后果是灾难性的）这个“希腊观念”或者神形被造之物（拉丁语ens creatum）的“基督教创世论”来理解。人类历史的传统话语——将人视为理性动物的话语——沿着直线轨迹朝向他的应有终局（也是它的家）行进，如今或许正在走最后的旅程。 47

虽然德里达对书写的重新评估旨在让我们对它的理解摆脱仍然束缚它的希腊-基督教或者说本体论-神学体系[①]，但他也意识到，事实上，书写并非一直被贬逐于一种堕落的、次等的地位。在符号时代之内，既有（正如我们可能猜测到的那样）“坏”书写，也有“好”书写。然而，对于好书写来说，争执的焦点一直都是一种本质上是**比喻义**的书写意义，而后者又立刻与神圣逻各斯（这在前现代的“自然之书”观念中体现得尤其明显，因为它就是“上帝的书写”）发生关联，这种意义恰好将**字面义**的书写**定义为**（比喻义和字面义的通常优先顺序在这里令人玩味地颠倒过来）可感世界中一种“仅仅停留在人类层次的”工具[②]：作为人类一种技术工具的书写是对语音的补充，处于从属地位，语音在这里是更远离现世（在所谓的“内心独白”中，它从根本上说**不属于外界**）的天然的**第一**能指。现世的书写一直被看作“能指的能指”，只不过是一个记号，一个踪迹，与精神的纯洁生活和

① “本体论-神学”（onto-theology）和“形而上学”一样，在德里达的语汇中也是贬义词。

② 因为在亚里士多德看来，“所有语言的理想”就是“让我们认识事物本身”，所以在西方传统哲学观念中，字面义才是语言“固有的”正当用法，比喻义则是一种不具备真理价值的次等用法。但在他对书写的分析中，好书写却对应于比喻义的书写，坏书写对应于字面义的书写，因而是一种“颠倒”。

应有发展毫无关联（或者只有污染它的危险）；它与好书写毫无关联——学习和掌握后者才是识字的文明人的任务：

> 因此，好书写一直以来都遭到**限制**。作为不得不限制的东西而被限制：在一种自然或自然法（无论是否神创）的边界内，但首先被理解为在一种永恒的在场之内。因此，它被限制在一个总体之内，包裹在一卷或一册书里。[①]书的概念是一个能指之总体（无论有限或无限）的概念；能指的这种总体无法成为一个总体，除非一个由所指构成的总体在它之前就已存在，监督它的铭写和符号，并且在其理念性方面完全独立于它……如果我将文本与书相区分，我会说，目前在各个领域正在发生的对书的破坏就是让文本的表面裸露出来。

“书的终结”这个主题并不是预言图书馆真会逐渐倒闭，而是一种比喻的说法，它所指的情形我们其实一直都隐约知道自己身处其中，但是现在“已经开始强迫我们注意它的**本来面目**了”。对一种逻各斯或者说好书写的经典认识在我们的时代已经日益不被人相信了，这种好书写被理解为一种理念性的在场，一种预先存在的、神秘的（即隐藏的）“精神领域”，一种原则上能够被作为“精神”生物的人把握的纯理性秩序。“人类”和一直以来借以理解“人类”的以逻各斯为中心的秩序已经难以维系。

① 德里达这里影射了书的两个发展阶段：卷轴书和册页书。

然而，我们也应记住，在我们的时代已经开始强迫我们注意其本来面目的是，迄今为止一直被认为**外在于**（从而一直可能污染）被视为人类应有的生活（例如由记号、轨迹、踪迹——这些并非偶然与据信"仅仅是动物式的"生存相联系的概念——组成的秩序）的一切正是让那种生活成为可能的条件。的确，如果"书写"涵盖了一般意义上的记号和踪迹的形成，那么我们可以说"在书写之前不存在语言符号"。正如我们在下一章将详细了解的那样，德里达的文本肯定一种重新理解的"书写"既先于"文字"，也超越"文字"（乃至一般意义上的语言），并不是在肯定传统意义上被视为坏书写的那种东西，也不是认可以隐喻方式定义的它的他者。[①]德里达宣告，我们时代出现了以"对书的破坏"为标志的一种转变，这和尼采"上帝之死"的宣告相似，既不是粗暴的物质主义，也不是绝望的虚无主义，甚至也不是（尽管外表很像）对宗教信仰的"无神论式批判"。毋宁说，它只是在努力表述我们的时代之内已经在发生的运动。它构成了解读我们时代的整体努力的一部分，它邀请我们重新思考我们对世界和生活意义的理解。它邀请我们重新审视哲学史的演进：逻各斯中心主义的时代正面临解构。 49

但另一方面，重新确立书写的地位并未给我们提供一种途径，让我们能真正有效地**批判**或者**批判性地评估**任何对参与者而言的确能赋予生命意义的东西——"意义"在这里指获取某种已经"书写"（例如，在某种我们或许直觉到或者已经向自己显明的好书写中）在"文本之外"的"真理"。那种令人宽慰的

① 即传统意义上的"好书写"。

认知主义（就是相信在此事上存在某种**可以知晓**的东西）永远无法企及，即使在“西方人”过着一种坚定相信其存在的生活时也不曾存在过。

无疑，这是将近代的、启蒙运动以来的对未祛魅自然和作为纯粹理性秩序的逻各斯的批判做了不同寻常的激进化和加速化处理。我们立刻就能明白，为什么最吸引德里达的是那些最有力地挑战过作为西方逻各斯中心主义思想根基的超验主义、超自然主义和种族中心主义的作者——卢梭、马克思、尼采、弗洛伊德、索绪尔、胡塞尔、海德格尔、列维纳斯、J. L. 奥斯汀。这些同伴令人惊讶，而且每一位都能被也将被德里达批评，因为他觉得他们在某些方面仍有欠缺，仍在重复根植于他们所批判的传统的某些姿态。然而，对德里达来说，这些思想家并不**完全**契合希腊-基督教时代的逻各斯中心主义，他们的重要性在于，其著作显示出质疑该传统本体论-神学根基的强大力量。

如我此前所说，这并不意味着德里达认为自己就应该简单地“摒弃”这些根基。事实上，我们自己就存在于这个传统之内，所以任何真正希望“从根本上**批判**形而上学”的所谓思想突破都必须（也只能）（创造性地）利用我们实际栖居的这个传统中的资源：无人能声称从传统之外展开批判。对德里达来说，要从根本上批判形而上学，最重要的杠杆就是对书写概念（它看似没有威胁，迄今对哲学而言都不是核心的、不可避免的概念）的
50 重估。

于是，按照德里达的说法，所谓的语言转向并非只是一次碰巧发生在不久前的事件（无论是好是坏）。相反，他认为，语言这个问题的崛起，与西方形而上学的历史渊源极深，是其内在

发展的结果。然而，该历史的演变也体现出另外一种趋势，就是日益激烈地挑战和质疑西方传统思想的本体论-神学前提，德里达也属于这个宽泛意义上的“启蒙运动”。尽管如此，德里达发现，现代以语言和语言符号（作为语音能指和所指意义的双面统一体）为焦点的研究并不是进一步理性地、科学地批判前现代迷信的沃土，反而是不显眼地、实际上是教条地保留了它通常认为自己正在取代的那个本体论-神学传统的根基性主题。符号的概念：逻各斯中心主义时代最隐蔽的，或许也是最后的抵抗。

德里达的“理论矩阵”将符号时代描绘为处处陷于**拼音**文字之形而上学的时代，在此基础上，他自己将奋力抵抗现代对“语言”这个符号的极度追捧。如我此前所说，他觉得最重要、最激进、最有趣的不是所谓的**语言转向**，而是历史大潮中日益明显的**书写学转向**的迹象。一段时间以来，人们都在谈论“表达行动、运动、观念、沉思、意识、无意识、经验、情感等等的语言”。然而今天德里达说，“我们倾向于用‘书写’来表达这一切，甚至更多”：

> 不仅指字母的、象形的或表意的文字的物质姿态，而且指让文字成为可能的东西所构成的总体，还指意指的“形面”之外被意指的“意面”本身。这样，我们所言的“书写”就涵盖了创造出一般意义上的印记的一切事物，无论它是否以字母表达，即使它在空间中散布的东西与语音的秩序
> 格格不入：当然包括电影拍摄、舞蹈，也包括绘画、音乐和 51
> 雕塑的“书写”。我们也可以谈论运动的书写，甚至更有把握地谈论军事书写或政治书写（考虑到今日控制这些领域

> 的技术)。上述说法描述的不只是与这些活动相关的、处于从属地位的标记系统，也包括这些活动本身的实质和内容。也正是在这个意义上，当代的生物学家在论及生物细胞内最基础的信息处理时会用“书写”和“**程序**”[①]这种词。最后，控制程序所覆盖的全部领域，无论它是否有真实的边界，也会是书写的领域。控制论的理论本身若要驱逐所有的形而上学观念——包括灵魂、生命、价值、选择和记忆的观念——它们直到最近都还起着区分机器和人的作用，它就必须保存书写的标记、踪迹、印记(grammè)或书写素(grapheme)的概念[②]，直到它自己的历史–形而上学特征也暴露出来。

倘若这是真实的发展趋势，我清楚地感觉，比在1967年更明显的是，今天在我们试图表述人类生活的深层结构时，“我们倾向于”谈论与书写而非与语言相关的事物：我们今天倾向于说，在我们的DNA“密码”里，写在我们的基因里，位于大脑里的踪迹，等等。这些暗喻和明喻经常都与生物学有关，但也经常与机器有关。今天，计算机的比方无处不在。计算机“运行”一个“程序”，它们这样做(一旦预装了程序)并不需要一个运行者，一个藏在写好的代码后面的“谁”，一种操控或者陪伴迅疾得无法想象的0和1序列的存在。

当然，这只是我们时代的前理论趋势——而且有人还可以

---

① “程序”(program)的词源义是“往前(pro-)写的东西(gram)”。

② “书写素”(grapheme)的译法模仿了“音素”(phoneme)和“词素”(morpheme)的译法。

坚称，制造计算机仍然需要程序设计者，他仍然是某个谁，而非一台机器。另一方面，当今的问题是：一个人的生命（无论生物的还是文化的）在多大程度上像机器，又在多大程度上嵌在程序和机器化进程之内？这是否完全排除了我们不想排除的东西：
责任、偶然、决定和不可预见的事件？德里达的答案是否定的。 52
我们后面会回到这个话题。

无论如何，既然“书写学转向”的想法还只是一种前理论趋势，为何我们对待它要比对待所谓的“语言转向”更认真，或者认为它更重要呢？当然，我已经开始暗示，书写学转向为何可能有深刻的历史-形而上学含义。但是德里达知道，如果他不试图“为它辩护一番”，他卷入这场（作为）书写（的）历史之内的转向，其罪过就和自己曾严厉谴责的所谓语言转向中“屈服于学术通胀运动”的行为如出一辙。那么，什么有可能赋予其正当性呢？究竟是书写的什么方面（若有的话）让它适合充当今日正在发生的如此多趋势的汇聚点？在接下来的两章里，我将按照自己的理解扼要介绍德里达为自己介入书写学转向所做的正当性辩护，也即解读塑造了一种新的书写学思想突破的“理论矩
阵”的根本原则。 53

第五章

延　异[1]

在我们仍未走出的符号时代，变得“完全清晰”这个哲学雄心在人们的理解中就是，通过**彻底消除我们想表达的意思（即所指）的歧义**来克服各种困难。或者，我们可以仿效德里达的说法，将其形容为，通过**将播撒**（第二章所介绍的概念，即相信存在无数理解意义的路径）**化约为多义性**（存在确定数量的不同意义）来克服各种困难。传统的哲学家或许想说，问题的关键不在于能指或者词语（无论是语音还是书写形式），而在于**意义——逻各斯**——它在我们听见并理解一个词的时候就被立即把握。而且我们在把握某种意义的时候，所把握的必须在根本上是某种单个的、可辨识的东西：传统的哲学家或许会说，某种**是**“一”

① “延异”（différance）是德里达杜撰的一个词，它包容了希腊前缀a（表示“非、不”）、拉丁动词differre（意为“分散、推迟、有差异”）和法语同音词différence（“差异”），创造出一个复杂的意义场，以此消解西方传统哲学中思想-语音-书写的等级关系。延异是对索绪尔差异概念的进一步抽象，是创造差异、推动差异在时间中延宕和空间中扩散的力量。如同老子的“道”，德里达坚称“延异”只是一个不得已而使用的名称。

的意义必须是一种是“一”的意义。[①]

德里达的文本为自己设定的任务是，在思考这里讨论的同一性时不屈服于这种将播撒化约为多义性，甚至同时“反对”二者的冲动。[②]与这个新任务相对应，我们发现我们称为“哲学”的这个学科的继承人也改变了雄心。他不再梦想达到最高级别的概念清晰度（其含义是让我们想表达的意思在其同一性方面变得完全透明），而是努力学习如何反观式地忍受我们已经每天多少有些天真地忍受的东西（它甚至已经成了我们的“每 54
天”），那就是这个事实：我们生活在一个根本意义上的“书写空间”中，一个文本中——其特征就是同一性内部的某种无法化约（这并不简单地意味着“无限”）的**游戏作用**[③]，德里达将把它表述为一个（仍然可以辨识为法语的）新词“延异”（différance，而非différence）[④]。作为化约播撒的欲望，哲学的过程就是试图消弭游戏作用的过程，然而这是不可能的。在点评亚里士多德的一段话时，德里达如此总结了语言的**经典**哲学观念（我们姑且这么说）：

> ［对亚里士多德而言，］只有当一个名词只有一个意思的时候，它才是恰当的。更好的说法是，只有在这种情况下

① “一”代表哲学理想的单一、纯粹、无异质。

② “同一性”（identity）的拉丁语词源义是“相同”，因此这个英语词有“同一性”“身份”“认同”等多个意思和多种译法。本书的译文根据语境在“同一性”和“身份”这两种译法中做选择。

③ “游戏作用”或“游戏”（法语jeu，英语play）是德里达思想中的一个关键词，它与不严肃无关，也不是某个主体故意的行为，而指一个系统中自发性的、不可遏制的与规则和结构相冲突的作用或运动，它使得系统整体和局部的意义无法固定下来。

④ 在法语中，différance和différence发音完全相同，无法通过语音来区别。

> 它才是名副其实的名词。单义性是语言的本质，更确切地说，是目的。作为哲学的哲学从未放弃过亚里士多德的这个理想。这个理想就是哲学……每当多义性不可化约，甚至无法保证意义统一性的时候，我们[按照哲学的看法]就被放逐到语言之外，因而也是人性之外。

什么对语言是恰当的，什么对人类是恰当的，两种观念之间的联系我已经谈过，也将在本书的最后一章再谈。[①]然而，在这里预告一下德里达的看法对读者会有帮助：我们在将人类描述为“说话的生物”（在符合亚里士多德语言理想的意义上），甚至**唯一**具备这种说话能力的生物时所依据的观念在他眼中是有很大问题的。而且，他所提出的替代性语言理论让他能够有力地“反驳[这个观点]：[使一种语言成为可能的前提条件]制造了一条线性的、不可分割的、对立的边界，制造了一种人与非人的二元对立”。正如我们将看到的，他并未肯定一种生物学的“连续统理论”来与这种二元的、对立式的观念相抗衡。相反，他根本不想否认属于不同生物（包括人类）的生命结构的专属性或起区分作用的“独创性”。然而，他的确愿意声言，如果我们遵
55 循哲学一直以来的习惯，认为这些区分性的差异“永远事关”在人类和其他动物之间“标明一条绝对的界线”，仿佛我们为人和其他动物的区别赋予的意义（德里达会继续坚持而不是贬低这个意义）是植根于对客观真相的感知之中，那么我们就理解错了。此种思想最核心的一点就是认为，唯有人是“说话的生

① 其实是在倒数第二章。

物”，这种语言能力是这样一种生物和其他每一种（仅仅生存着的或者纯粹生存着的）生物之间不可逾越的分界线。但是德里达拒绝承认，我们为人和其他动物的区别赋予的意义具备这种客观性。如他所说，“人类语言无论具备多大的独创性，都不允许我们在我们一般希望切分的地方一劳永逸地‘切分’”。倘若我们真要肯定人性所谓的独特性和“尊严”，也不能继续在这种将人和动物生命截然分开的框架内来思考。

值得重申的是，德里达竭力质疑传统的亚里士多德式的（姑且简单地称之为“哲学的”）语言观，并不意味着他只不过想肯定相反的观点，即复义性或多义性才是语言的本质或目的。将多义性与播撒相对立，其用意并不是声称，我们所说的一切都是含混的（每个词都至少有两个甚至更多的意思），而是强调在**每种**“意思”本身（如我们在第二章所见）都有多种解读这个意义上，多义性**不可化约**。

这样，在思考一种说法的**同一性**时，德里达并不否认，谈论一种最低限度的理想化——认为一个说法在新情境或者新语境下**仍是同一个说法**的可能性——是必要的或恰当的。然而，德里达坚持认为（这会将我们引向他最常表述的一个观点），我们由于对阐释语境的敏感性和开放性而产生的针对同一个说法的各种**不同**理解，最终无法与我们认识并知道如何使用的那个说法的**同一性**相分离。这并不意味着“理解一种说法”有两个不 56
同的意思（那又是“多义性”了）：一个意思大体是“知道它如何用”（对表达方式的掌握），另一个意思是“知道它的用意”（对语境的敏感）。如维特根斯坦所言，是“理解”的这两种不同用法（既包括我们声称理解的意思与另一个语境“相同”的场合，也包括我们声称理解的意思独一无二、与其他语境“不同”的场合)“构成了我的理解**概念**”。在我们理解这个词的众多条路径上,它们都在发挥游戏作用,“因为我**想**将‘理解’这个词应用于所有这些情形”。

认为理解的逻辑同时体现了同一性和差异性,这种观点很复杂,需要仔细解说。在本章和下一章,我将完全聚焦于(在我看来)德里达关于这个主题最有说服力的阐述和论证。部分内容会涉及比较高深的讨论,既是直接介绍或评论德里达的观点,也是赋予它们一种条理化的形式。尽管如此,既然作为一位思想家,德里达一直饱受羞辱,我们就有必要看看他为书写翻案的主张是怎样用各种环环相扣的论证来支撑的。我认为,他在这个领域的著作既有趣味,也有说服力,我想努力展示,这篇看似故意追求晦涩的文本其实逻辑是多么严谨。

辨识差异

我在第二章介绍了德里达的播撒概念,他将其确认为**同一个**文本产生**不同**理解的不可化约的多元性。德里达的著作不仅仅肯定了这种同中有异的同一性观念,它也将其作为主题来论述并尽其可能提供条理化的阐释。在很多文本中,他让我们把这个特征理解为在每一个意指形式的结构和运行中都体现出来
57 的“延异”运动。正是因为他决心用这种运动的框架来思考所有的同一性,我们要揣测出他的意思才如此困难。或者用他自己的话说,正是他让我们用这种运动的框架来思考的做法“使得思考它的过程既不轻松,也不舒服”。

在介绍这个观点以及德里达文本所阐述的“延异中的同一

性”的价值之前，我将先以一种条理化的方式来解释为什么按照德里达的看法，我们在思考符号的同一性的辨识问题时，必须越出传统的哲学资源，也就是越出以两种专属人类的感知能力（它们对应于古典符号概念的两个方面）——感性和理性——为框架的思维模式。

初始步骤如下：

（一）假定属于感性的内容永远都是对某些在场的感觉事实的感知。（例如，假定能够被“听到”的东西永远是“一种声音或者由某些声音或声音属性构成的”。）

（二）连贯的、有意义的语音按照定义必须是某种能够听到的东西。

（三）连贯的、有意义的语音若要成为可能，一种语言必须包含一定数量的可辨识的不同“单元”（姑且称为“音素”）。语音若要以语音的形式发生作用，人们就必须具备辨识不同音素的能力。

（四）两个音素之间的差异本身不是一种声音——不是与二者不同的第二种声音，不是能够听到的“某种东西”。

（五）因此，确立语音、让它被听见的差异是听不见的（在这个词的每一种感觉意义上都是如此）。

（六）但既然有意义的语音是可能的，两个音素之间的差异必定仍然可以辨识。

（七）因此，我们应该抛弃认为这种辨识属于感性的观点。 58

当我们听到一个可辨识的音素的时候，被辨识的东西**不能**

够被化约为一个在此刻简单在场的声音。因此，我们需要摒弃这段论证的第一个前提：**被听到的东西**不能够化约为声音或声音属性——某种在此刻完全在场的东西。在这个节点上，德里达肯定了结构主义语言学家提出的**以差异性为基础的**符号观念，按照这种观念，“同一性只有通过它与其他元素的差异性关系才能确立自己或者为自己划定边界”。

我们刚完成的这些步骤概括了德里达在其文章《延异》中讨论的部分内容，在这一部分，德里达摒弃了对音素辨识的充分解释“属于感性”（也就是说，我们可以认为，它是以“对于感官而言在场”的形式简单给定的东西）的假定。然后，他邀请我们将同样的论证应用于书写。书写的差异“也永远不能够作为一个完全项被感知”。简言之，在两种情形中，我们都不能坚持认为，辨识使得对语言符号的理解成为可能的差异“属于感性”。

在紧接下来的一句话里，德里达声称，它也不可能属于一个理性秩序（也就是说，我们不可以认为，它能被哲学所定义的理性辨识）。我们不能够得出（例如）笛卡尔可能已得出的结论：这里讨论的是某种对于心智的眼睛/耳朵而言在场的，并且能够被“看到”或“听到”的东西。

德里达论证的这个步骤部分地来源于一个牵涉更广的认识：自希腊时代以来，用以阐释人类理性的语汇就是从感性派生出来的；或者这样说更好：它利用了这样一个事实，那就是自希腊时代以来，感性和理性（感觉和观念）一直是我们借以阐释
59 人类主要认知功能的**核心**术语，而这两个术语又**都**被阐释为对某种在场之物的把握，或者说都被纳入同一个“在场逻辑”。德里达在这里提出，符号的差异性结构抵抗或逃离的正是这种“逻

辑”。所以，我们现在可以在第七条后面添上这条平行的结论：

（八）因此，我们应该摒弃认为这种辨识属于理性的观点。

在这个节点上，我们抵达了辩证法摧毁性的最后一击：

（九）我们必须让自己以某个抵抗哲学的一组奠基性二元对立的秩序为参照系。

德里达说，这个秩序是在“延异的运动中”“宣告成立的”，而延异运动“不属于通常意义上语音或书写的任何一方”。

我认为，我们最好将“延异运动”的效用理解为颠覆和替代一种关于**同一性**和**差异性**的极具诱惑性、深度符合直觉的观念，这种特别的观念规定了**什么使得某物是其所是并且与他物不同**。

每种事物都有自己的同一性[①]，正是这种同一性将它与其他事物区分开来，使它成为它所是之物（一种咳嗽、一把椅子、一个茶杯、一道彩虹、一位威尼斯公主、法国国王、“蓝色”这个词、“流氓”这个词的意思）而非他物。我们应该如何理解同一性的逻辑？也许最符合直觉的同一性的含义就是拥有区分性的特征。然而，如果是特征决定了同一性，那么只有当某物保持这些特征的时候它才是其所是。这样，同一性的形而上学就似乎要求，只有当某物**作为相同之物保持在场状态**，它才拥有它所拥有的同一性。使某物成为其所是而不是他物的东西，以这种或那

① 这里的“同一性”也可译成“身份”，但由于它与差异性并提，还是“同一性”的译法更好，而且“身份”其实就建立在自我的同一性与相对于他者的差异性基础上。

60 种方式使它不同于它所不是的一切他物的东西，就是它对某种同一性的拥有，只要它还是其所是，这种同一性就作为它自己继续存在。这是一个通过**保持**其同一性而是其所是的问题。根据这个观点，当我们说某物存在或形成时，它“存在”的意思是它作为它自己继续处于在场状态。

当然，对很多事物或很多类事物来说，“保持其同一性”与一定程度的变化并不冲突。然而，如果有人执著于上文刚概括的直觉式的同一性形而上学，那么他就可能认为，某些变化实在是太根本的，如果发生了这类剧烈的变化，过去所是就将不复存在，或者停止存在，或者变成他物。有人或许认为（也有人或许不这么认为），存在某些“本质的”或者“标志性的”特征，一旦没了它们，某物就必然不再是原来所是，但最关键的一点仍然是，“是如此如此之物”（而不是他物）必须以某种持续的在场为基础来理解。这些物究竟属于现实还是理念并不重要，重要的是，当它是其所是时，在它是其所是的时间段内，**它**必须作为相同之物在自身之内自动地在场。

关于以这种方式在其同一性中维持存在的东西，我们可以给出下述两种阐释中的一种：这里的同一性可以理解为**内在的**或者**由关系决定的**。按照第一种理解，是某些特征的在场使某物成为其所是：如果（拥有那些特征的）**某物**失去了它们，或者它们消减到足够程度，它就不再是与自己相同的那个东西。这种理解的另一个方面是，对于任何物的同一性而言，宇宙的其余部分的状况大致是无关的——事实上甚至存在拥有和它同样特征的其他物。如果这样，它们之间的唯一区别就只是——如果它们真有差异的话——量的区别：有不止一个它（们）持续在场。

与此对照，根据第二种解释，与他物的差异存在于某物的同一性的内部，这样，某物是其所是，就是由于它在一个普遍差异 61
化的结构中占据了一个特定的位置：任何是具体的此物而非彼物的物作为它自己持续在场，只能以那个普遍差异化的结构的持续在场为参照。至于人们认为这个结构究竟属于现实还是理念，同样无关紧要，紧要的是，当这种差异化结构是其所是时，在它是其所是的时间段内，**某物**（我们可能这么说）作为相同之物在自身之内自动地在场。

作为反驳，德里达所提出的同一性观念与上述两种解释都不同，虽然如我所说，他和第二种理论都强调，同一性是以差异性为基础或者说以关系的方式建构的。然而，根据德里达相反的观点，对于这些建构的同一性而言，使某物成为其所是而非他物（赋予它现有的同一性）的**不是**（不仅仅是）在一个普遍差异化的总体模式或结构中它与**他**物的差异关系，而是他所称的**自我差异(与自己的差异)**。按照这种反直觉的同一性观念，某种非自我同一性包含在每一个建构的同一性之中。也就是说，每种同一性所暗示的“他性”不是“非它所是的他者”，而是它内部的某种他性、**相同之中的他者**。根据**这套新的、德里达式的表述方式**，每一个同一性都有一种不可化约的“分裂同一性”，都具有“与自己的差异”或者说一种“本源性的异化”。

如我所言，这种观念在一定程度上接受了同一性产生于一个差异系统这种想法。然而，这种结构主义（姑且如此称呼）的解读没能充分认识到，这样的差异系统并非现成地“从天而降”或者早已发展完备，它们自己也是逐渐形成的。德里达的问题是：普遍差异化的系统借以形成的那种运动本身是不是在某种

意义上**在场**的某种东西？倘若这种系统的存在是同一性的先决
62 条件，我们很可能想知道，使这种系统得以产生的那种运动是不是某种自己可以作为它自己出现于“在场的舞台”上的东西。这里存在一种可能，就是将这种运动简单地呈现或再现为**差异化运动**。然而问题在于，这暗示了一个过程，在其中某种实体性的东西发生了**差异化**。但是这里唯一“先在”的在场本身却是一个差异化系统。

在如何处理这个德里达认为既有用处却又终归无法接受的问题上，结构主义语言学之父费迪南·德·索绪尔曾有一个提议。索绪尔的想法是，我们可以通过聚焦于**运行中的**（即**言语**中的）系统找到差异化的起源：

> 若要言语能被人理解，并产生其全部效果，语言是必不可少的；[1]但语言若要建立，言语也是必不可少的；从历史的角度看，言语的事实总是先产生。

在《延异》一文中，德里达临时性地假定，某种与此相似的语言论述对于“广义的符号”和每一种“符码”或“广义的转指系统”是有效的：德里达所称的“延异”可以理解为一种运动，每个符号都通过它“历史性地形成一个诸种差异的织物”。然而，他也承认，索绪尔提供的论述似乎让我们陷入了一种“循环”，而且从它自己的逻辑看也有缺陷。将索绪尔关于系统“起

① 在索绪尔的体系中，语言（法语langue，英语language）指隐藏在日常语言应用背后的以差异性为基础的系统，言语（法语parole，英语speech）指“语言”系统及其原则的外显形式。

源”的表述中的“言语”替换成“延异”，是直面这个问题的一种努力。

在德里达看来，一种语言分析如果一开始就截然分开了“系统”（索绪尔的“**语言**”或者说作为规则系统的语言）和“事件”（索绪尔的“**言语**”或者说作为语音事件的语言），就必然剥夺了自己的手段，从而无法解释自己试图界定的现象何以可能。这 63
是因为言语的历史先发性和逻辑后发性是无法成功结合的，这样在解释语言这个现象的产生条件时就难以实现内在的自洽。如德里达所说：

> 如果我们严格区分**语言**和**言语**、符码和信息、模式和用法等等，如果我们想恰当地阐述如此定义的两个假设概念，我们就不知道从何处开始，或者任何东西如何能开始，无论它是语言还是言语。

这段话并不是指责索绪尔的解释是糟糕的循环论证，即用尚未证明的前提来证明结论。毋宁说，这是一个“鸡和蛋”的问题：“我们不知道从何处开始。”所以，索绪尔求助于言语的历史先发性并非一个好选择。因为“**言语**”（parole）必须与人发出的无意义的呓语和噪声相对立，而按照索绪尔的理论，只有当“**语言**”（langue）在场时，这样做才是可能的。因此，一旦我们严格区分了语言的系统与事件，当我们再讨论哪些条件让语音或书写能被读懂或被普遍理解时，这些概念就变得“不可靠”了。这才是德里达最关心的问题。

我们可以换一种方式来论证，将这个循环看成一种不断回退。如我们所见，如果我们在索绪尔的二元模式内思考，那么当言语的语境发生各种变化时，规则系统应该能使词语的意思保持稳定。然而，如果我们承认这些规则对符号的使用有规范性作用，那么显然，在这些“言语事件”中我们必须能够识别“规则的表达形式”。然而，根据我们考察的模型，这些“规则的表达形式”若要可理解，就必须受一些规则管辖，而这些规则若要作
64 为规则发生作用，又必须能够被表达出来……如此永无休止。

德里达认为，这里的循环或回退并非不可避免。他的策略是将其视为归谬法（reductio ad absurdum）的一个样例（它表明，在系统/事件、符码/信息的严格二分法基础上来确定语音和书写发生作用的条件，是绝对行不通的），并据此断言，这种问题告诉我们，在解释该作用时不能够一开始就以这样的方式切割概念。因此，我们若要避免在“鸡和蛋”之间来回摇摆，就需要一种“同时考虑规则和事件”的办法。

正是由于这个原因，在解释符号的辨识时，德里达避开了求助于符码或规则系统的做法，而采用“延异”这个新词或新拼法（用a替换différence的e）来指代**产生差异系统的那种运动**（一切词语和概念的同一性都因它才成为可能）[①]。

所以他的基本意图是让我们远离这样一种思维（无论我们考虑的是“词语”还是“词语意义”的辨识）：我们所关注的东西或许可以永远简单地、完全地“在自身之内自动地在场”。记住，我们这里正在追踪对一种特定的同一性形而上学的批判，我们不可能声称，“意指元素”（你也可称为语言的“实质”）没有

① 德里达不愿使用neologism（新词）这个词，因为它预设了德里达所质疑的逻各斯（logos），neographism（新拼法）这个词的词根graph则与他推崇的书写有关。

某种可辨识的同一性。这里所否定的是，同一性可以理解为（借助耳目或心智的耳目）对一种持续在场的辨识。我们讨论的情形中存在某种同一性是断然不能否认的——我们会说“这个词和那个词是**相同的**，只是没写清楚”，也会说不同的人或同一个人在不同的时间“使用**相同的**概念”。然而，同样明显的是，这些例子里的同一性总是“遵从它的阐释语境”。换言之，它属于被认定的“在场的此时此地”，这样**它**才能“重复”出现于**不同**的阐释语境中，并通过这些“重复”作为**相同之物**继续存在。 65

正是由于这种“同一性内部的差异性”或者说“相同之物内部的他者”的纠缠，所以德里达推出了包含了某种“自我差异”的同一性观念。他采用“延异”（différance）的说法就是为了让我们注意到**同一性内部的差异性**这个维度。当然，法语词différence恰恰已经呈现了“**差异**”这层语义。德里达又求助于拉丁语动词differre的第二个意思（法语衍生词différence已完全失去这个意思），那就是“推迟”。这样做的目的是让“**相同**”这个语义维度也进入游戏（进入游戏却**无须**向一个推迟的**在场**负责；某人推迟做某事时唯一的关键点是，他不是现在做某事，而是打算以后做某事——至于“做某事”是否能逃脱我们正讨论的“延异中的同一性”逻辑，那是后面的问题）。[①]法语词différence没有这个语义要素，所以发明一个补偿这种欠缺的新词，采用一个语义更丰富的术语，是有价值的：“这种并非同一的相同我们暂时称之为延异。”

在这套新的德里达式（法语式）**表述方式**之内，我们可以

① “相同”是因为différance和différence发音相同，意思也有重合。关于“游戏”，参考前文“游戏作用”的注释。

说，正是因为意指元素没有摆脱**延异**（différance）的同一性，所以我们可以肯定，一种通常的**差异**（différence）总是一种元素间的**差异**（différence），而这些元素自身的同一性总是已经打上了**延异**（différance）的印记。

我并不想鼓励读者沉醉于令人尴尬的法国口音中，但你们务必记住，在读上面一句话时，应该把**différence**和**différance**读得完全一样。完全。不要试图像某些可笑的法式英语那样，故意拖长a的发音。德里达的**用意**就是让这两个词在“耳朵”听来没有任何区别，完全无法区分。所以请**发成**相同的声音，也就是
66 说，它们之间的差异纯粹是“书写的”。

当然，与两个音素之间可辨识的听觉差别相比，两个书写素之间可辨识的视觉差别不会更大（最终也不会更小）。如我们所见，书写差异和语音差异一样，也“永远不能够作为一个完全项被感知”。那为何要保留“书写”这个名称？有一种短论证，还有一种长论证。短论证我们在上一章见到了，下面是杰弗雷·本宁顿对它的精彩概括：

> 德里达解释说，他一直使用这个说法［指“书写”］，是因为书写过去总是被定性为能指的能指；他认为，所有的能指都是如此，所以他要保留这个词。

在下一章，我将概述那种长论证，它为诉诸“书写”的策略做了最激进的辩护：从“可复现性”出发的辩护。我们将会看到，它最终将把我们带回短论证，至少会让我们对后者的意义有更深
67 的认识。

第六章

可复现性[①]

现在，我们已经抵达一个结论，它或许可称为德里达文本的**第一个结论**："在场的逻辑"必须被取代，事实上，它总是已经发现自己注定将被延异的逻辑取代。德里达相信，在对我们所称的"书写"的经典哲学评估中，这种逻辑已经以某种方式为世所知（虽然未以本来面目被人知晓）。正因如此，他在一段赋予其某种新意的分析中，策略性地借用了这个旧词。在这一章，我将重构这段分析。

在为保留"书写"一词辩护时，德里达的主论证（我们也许可以这么称呼）试图证明，"在古典的、狭义的书写概念中可以发现的那些特征"**必然**对所有符号**都有效**。虽然由于这个原因，这种总体性的断言并未直接改变或挑战"书写"一词的通常意思，

① "可复现性"（iterability）是德里达的又一个重要术语，它不同于"可重复性"（repeatability）。狭义地讲，它指语言符号和文本片段能够以相同又不同的方式再次出现在新的文本中；广义地讲，它指任何事物能够以相同又不同的方式再次出现在新的情境中。可复现性使得任何事物的意义和价值在任何时刻都无法固定和穷尽，因而理解是一个没有终结的过程。

但当我们回答关于书写的问题时，尤其是回答关于总体语言的词语以及人类语言使用之外的记号和踪迹的问题时，它的确对我们可能说出的话施加了压力。

那么，古典的、狭义的“书写”概念是什么？德里达认为，经
68 典的哲学观念首先并且主要将书写视为一种沟通工具，而且是“一种极其强大的沟通工具”。这种据信专属于书写的强大能力是什么呢？根据德里达希望质疑的经典阐释，书写是一种技术手段，它产生于人类渴望或需要将沟通的范围延伸到在场却不在自然嗓音传播范围内的信息接收者之时。[①]因此，书写**作为事实**首先出现于这样的时刻：社交空间的变化使得我们需要或想要把讯息传递给“不仅很远，而且在我们的整个视野和听力范围之外”的其他人。

在他对这种经典解释的第一种反驳中，德里达问，若要书写成为可能，在事实和原则上，这种距离是否“必须能够扩展到某种绝对的情况，即缺席？”[②]这个问题可以如此表述：据信用以**规定**书写之特性的信息接收者的缺席是否只能界定为距离遥远的在场，还是应该将这种缺席的概念拓宽，在极限情况下，也包含信息接收者绝对缺席的可能性——更确切地说，他们的死亡？

我写一封信，把它寄给某人。这样做意味着写给一位可以真实确定的收信人。当然，在收到我的书面讯息之前，我的收信人总有死去的可能。这能阻止有人读我的信吗？当然不能。然而，德里达并不希望我们把这显而易见的事实理解为对经典书写观的一种常识化补充。相反，通过重新评估书写与缺席的关

① 这里的“在场”不是指在现场，而是前文所定义的哲学意义上的“在场”。
② 这里的“缺席”也不是不在现场，而是与哲学意义上的“在场”相对。

系，德里达希望从根本上改变这个领域的观念“经济”。我会解释这一点。

首先注意，经典的书写阐释并未提到书写记号的生产者（他将记号送走，让别处的人读）的缺席。但是，两种平行的考虑显然必须同时成立： 69

> 书写即生产记号……即使我在将来消失，这在原则上也不会妨碍它继续发挥作用……若要某段书写成为书写，即使那段书写的所谓作者不再为他所写的东西负责，它也必须继续“行动”，能够被继续读下去……就书写的文本而言，作者和读者的处境基本上是相同的。

德里达在这里所关注的书写或死亡不只是经验现象。毋宁说他关注的是，当发送者或者接收者的缺席不再是某种形式的在场，而是根本的或绝对的缺席时，一个书写文本在逻辑上还是否可能，而不是其物质形态是否还有机会存在。他的看法是，它在其生产语境的“活生生的现在”或者可以真实确定的目的地之外再次发挥作用的可能性是它**成为**书写记号的内在要求的一部分：要成为书写，所有的书写都必须能够在**任何**（尽管当然不是**每一位**）可以真实确定的广义使用者的死亡之后发挥作用。因此我们便可以提出下面这条“书写定律”：如果一个记号从结构上说在可以真实确定的生产者和接收者的死亡之后不能被阅读——不能复现，它就不是书写。[①]

① 这里的“结构”不是指记号本身的结构（如词、句、篇章的结构），而是指让系统发挥作用的运行结构。

这样看来，他的总结论就是，书写若要作为书写来构建自己，书写的经典阐释所暗示的“在……缺席的情况下发挥作用”的**可能性**就必须能够被拓展到**绝对的**极限。任何具体的书写或阅读事件若要以本来面目发生于任何“此时此地”，其前提条件就是，它能够在这个“此时此地”根本缺席的情况下复现。

所以，任何书写讯息能被阅读的限制条件是，一位读者在一位（可确定的）发送者根本缺席的情况下能阅读那位发送者能写的任何东西：**书写能够也必须能够应对（可确定的）发送者不在场的情况**。换一种等价的表述，任何讯息能被阅读的限制条
70 件是，一位（可确定的）读者在（确定的）接收者根本缺席的情况下能阅读发送者能写的任何东西：**书写能够也必须能够应对（确定的）接收者不在场的情况**。

这两种可能的缺席“构建了讯息自身的可能性”。这意味着（我们只好对经典阐释**说对不起**）①，并不是书写的词自身相对的稳定性（它在存在中相对连续的在场）使得它在发送者（他仍在“远处的这里”）或接收者（他仍在“远处的那里”）缺席的情况下能够复现；毋宁说，书写记号恰恰是为了补偿这些**可能的缺席**而创造出来的。

正是以这个结论为支撑，对“书写”这个词的策略性泛化才获得了力量。按照德里达的论证，作为书写特征的缺席不是它的相对延续性或稳定性这一事实所产生的功能，而是它**作为**可阅读的书写所必需的逻辑前提条件所导致的效果。的确，这些前提条件在书写中最为明显，但如果我们能够证明这些缺席的

① 原文的pace是拉丁语词，说话者借它表示向某人道歉、请某人见谅之意。

可能性是**每一个**“沟通事件”（无论何种何类）的结构的一部分，又会发生什么呢？

这里的想法是，作为一种沟通方式发挥作用的某个“单一事件”（比如言语事件）若要成为其所是的事件，就必须在它和它的某次重复之间存在一种必然的或结构性的关系——它的重复是在它的生产或接受时**不在场**的**另一个类似的**单一事件——那个事件若不从与另一个类似事件的关系看便不是其所是，而那个事件若不从与另一个类似事件的关系看也不是其所是。这个运动虽然没有极限，却不涉及数字的累积。毋宁说极限就是：**不止一次**。当德里达声言，“允许[意指形式]被认可所要求的”“统一性”“只有依靠它的可复现性才得以构成”，他正是这个意思。[①]由此可以得到两条重要的推论。第一，顺着这样的思路可以说，一个词若要**存在**，就必须**被使用**。第二，它也让我们 71
清楚地看到，即便使用者或使用语境此刻的在场变成了缺席，书写记号也能**再次**发挥作用，这种可能性不是书写的一个附加优点，而是它之所以**是（无论何种）**书写的内在属性。

这样，在每种情况下，一个书写事件（无论何种）都摆脱了它可确定的作者或生产者。就其可复现性而言，我现在**所做之事**必须与**我现在**为了让其**成为**任何“此时此地”它所是的书写而做之事有足够大的距离。[②]

---

① 换言之，一个意指形式（比如“月亮”这个词）如果只能用一遍，便不具备统一性，因而便名不副实，只有多次出现在不同的语境中，它才获得了统一性（虽然会产生各种不同的意义和用法），才是名副其实的意指形式。

② 前者指抽象的、可复现的书写事件，后者指与具体作者发生关联的书写事件。虽然后者这个事件是“我”发动的，但要让“我”的书写成为书写，它就必须摆脱我这个生产者，在复现的无穷链条中被人阅读，正是这些无穷的复现构成了前者。因此，前者和后者是不同的。

在《有限责任公司》（最系统地阐发了这个观点）一文中，德里达讨论了一个潜在的反例。事实上，该反例出自哲学家约翰·塞尔对德里达在《签名·事件·语境》中从可复现性出发所做论证的回应。[①]塞尔举出购物清单作为反例，他认为，它可以在接收者在场并且与其缺席毫无关联的情况下发挥作用（“例如当我为自己写购物清单的时候”）。德里达评论说（我们可以想象，他正开始评注维特根斯坦《哲学研究》的第一段）：

> 在“我”写购物清单的**这个时刻**，我知道（这里我把“知道”用作一个方便的说法来表示我与所写的客体之间必然具有的关系），除非它暗示了我的缺席，除非它为了在我“现在”的行为之外发挥作用而已经与我脱离，除非它在另一个时刻、在“我此刻在场”这一条件缺席的情况下仍然可用，否则它就不是一份购物清单。

我们通常所称的“书写”在事实上出现较晚，即最终采用一种能够摆脱一位可确定的发送者或接收者之即时在场的记号，这一点不应该在此误导我们。书写的出现之所以**可能**，是因为在原则上，这种缺席的可能性构成了**任何**一般意义上（语言或非语言、人类或非人类）的符号之逻辑结构的一部分，任何一般意义上的“沟通工具”之存在条件的一部分。正因如此，我们可以像德里达一样谈论一种使我们惯常所称的“书写文字”成为可能的“文字之前的书写”。所以德里达认为，在这种“无论何种”

① 约翰·塞尔（1932— ），美国著名语言和心智哲学家。

书写的意义上，我们必须把语言理解为“一种建立在书写的总体可能性之上的可能性”。

该结构在我们已经称为“书写”的领域最为明显，这为我们将其含义泛化提供了策略性的理由。但是，挪用并保留这个古老的名称也确保我们能有效地侵入迄今为止统治这个话题的哲学遗产的架构和评估体系之中。如我们所见，该架构的基本主题是，它将书写放逐到一个卑贱的从属性位置：从所指的意思或者理念的思想内容或意义（一种“纯粹理性秩序”的在场或逻各斯）到语音能指再到书写能指，地位逐级下降。然而，如果任何东西若要能作为沟通工具发挥作用，都必须在其可复现性方面具备书写的结构，传统的符号观念就必须让位于一种对广义化“书写”的理解，这种新观念认为各种记号在其关键的可复现性方面**不可能化约为任何在现在能够简单在场的东西**。形而上学以在场或持续在场的概念来思考每一个存在物之存在，认为意义属于具备向人类心智或精神或智力显现潜力的一种纯粹理性秩序或者纯粹理念逻各斯，这个传统如今却**被内在于其结构的思想资源拆解了**。因此——到了这里我们终于明白已经与德里达文本密不可分的那个词的效用[①]——**他的论证形式是一种解构**，不是提出一种新的或者竞争性的结构。

在本章和上一章，我追踪了德里达文本中的一种意图，他想质疑语言符号这个概念本身，认为不能将它理解为一对二元项的结合或关系：一方是外在的、至少是**可感的**再现或表达（“能 73
指”），另一方是内在的、至少是**理念的**思想内容或意义（“所

① 那个词指“书写”。

指”）。在这个传统的观念框架内思考，德里达让我们看到，针对该传统占统治地位的逻各斯中心主义建构，肯定他为保留“书写”一词所做的短论证（上一章结尾已介绍）的第一个推论（姑且这么称呼）具有深刻的治疗意义：**任何伴随书写的东西**（任何似乎让这些所谓的“死”记号“活”的东西）**也都是书写**。在对经典观念的这种批判中（我很快会解释德里达的表述方式）存在一种“**化约**意义，也就是所指”的趋势。

虽然这种表述可能遭人误解，它却让德里达的论证与构成其根基的哲学传统发生了关联。这是因为，既然哲学一直以实现“**化约为**意义”（如我们在上一章开头所见）为其使命，德里达为书写的翻案就必然会表现出一种从根本上批判传统哲学的形态。

然而，如我所说，德里达针锋相对的“**化约**意义”的努力很容易被误解。事实上，它诱使——已经诱使——人们认为，德里达的解构思想（当然并非一贯地）主张完全**清除**“意义”这个概念。德里达的有些关于意义的言论似乎的确支持这种解读。例如他（当然并非一贯地）写道：“书写从字面上说没有任何意义。”这类言论让人觉得，德里达想提出一套与（我认为）执著谈论意义的语言生活相冲突的理论。然而，现在应该很清楚了，从可复现性出发的论证所勾勒的书写观念并不打算清除通常的（因此是可复现的）关于意义和理解的说辞，而是旨在批判意义的古典观念（在它之内，唯一**是**“一”的意义必须是一种是“**一**”
74 的意义），该观念又深植于一种关于人类语言事件的观念中（它认为语言表达的是一种理念性的纯粹在场，一种现在完全在场的纯粹理念性）。事实上，德里达在《人类的终局》中那段肯定

"化约意义"的文字里紧接着说道，这与"抹掉或摧毁意义"无关，而是"一个在自身没有意义的'形式'组织基础上确定意义之可能性的问题"。我们现在已明白，这种"'形式'组织"就是广义书写系统，或者如他在《论书写学》中所说（我们在第四章开头已引用该段落），"一个已确定的文本系统"，它是我们之存在的环境本身和我们之生活（不只是人类生活）的"形式"。与此相反，纯粹性、一种纯粹理念性的理念纯粹性，"意义"的经典概念，在这种书写的现在事件中是永远无法拥有的。每一个此类事件不可化约的独特性，进入游戏的记号那具体的"此时此刻"，不可能以此面目（作为一个独特的书写事件）出现，除非这个事件的"事件性""在其自身的结构中已具备重复性或可引用性，或者干脆说可复现性——因为其他两个词可能导致理解的混乱"。杰弗里·本宁顿用下面的话来概括德里达对一种被徒劳追求纯粹性之行为污染的传统所做出的回应：

> 一种看似负面的偶然性（它可能影响或损害一个事件的理念纯粹性）被纳入了对那个事件的描述中，变成了可能性的一个前提，同时它也**先验地**决定了该事件永远不可能实现那种理念纯粹性。

如德里达在别处所说，"与我们的欲望不由自主愿意去相信的观念相反"，关于在场意义的哲学理想，传统哲学中的思想材料**本身**，哲学认为它应该"返回"的**那个**"事物本身""永远都在溜走"。

我在本书中一直试图驱散的萦绕在德里达周围的一个神 75

话是，他是一种怀疑论者或虚无主义者，不相信或不承认我们有什么意义要表达，或者断言我们的词语没有任何意义。我们已经在那些建在引发此神话的德里达文本断层上的房子周围转悠过。我们应该这么说吗，就因为德里达曾表示过，由于每个意指元素都有一种可复现的或者说延异性的同一性，他深信没有任何东西能在事实上真正表达任何意义？绝对不应该。他的意思不是我们永远不能真正说出任何东西，或者注定要承受永远不能真正表达意义的厄运。尽管如此，通过我们仍然称为“符号”的东西来表达某种意义，这种观念应该因为他围绕可复现性和延异的论述而变得神秘难解了。

事实上，德里达**如此论述**可复现性和延异的用意发源于他认为“我们已经置身其中”，也无法简单拒绝或取代的哲学遗产——这个传统把每个能指都想象为某种“代替事物本身即在场事物”（无论该“事物”被理解为现实还是理念的存在）的东西。当我们没法让事物本身在场时，我们说我们可以谈论它；“我们从符号绕道”。这种**哲学的老生常谈**是德里达所质疑的人类语言观念的一部分。他的问题不是瞄准高级的意义理论，而是针对“古典方式确定的符号结构”。根据这种非常宽泛的观念，“只有在它所推迟的在场的**基础上**，符号才可能被想象，而且它会**朝着**这个推迟的在场**运动**，试图重新据为己有”。德里达提出的对照观念并不认为，原来的老生常谈几乎是对的，只是在场的最后复归不可能到来，而是指出，将符号视为推迟的在场包含了一个误导人的前景，仿佛存在一个在场复归的终极时刻。通过**延异**来思考的德里达式论说方式旨在纠正“此处被批判和替换”的错误概念，那就是，语言的日常运作是以在场或在场的再

现为基础或目标的。 76

从我们现在的位置出发，借用将符号视为推迟的在场这一概念，德里达试图在我们的思想中找到能用来反对这个统治观念的元素，以便能废黜“堪称形而上学之以太的那种特权”，即“赋予在场的特权”。①德里达承认，解构思想的根基是对“在场形而上学”的质疑，因此“和海德格尔是一路”。事实上，德里达的“文本”观念（如我们所见，它并不只限于**人类**的记号和踪迹）并不是海德格尔的“世界”概念（它是如此限定的）的简单翻版。尽管如此，一些读者或许已经注意到，德里达的文本在很多方面与海德格尔惊人地相似。没错，它们总是很接近。然而，它们却不同。在第八章我们直接考察人与其他动物的区别时，这种不同会鲜明地呈现出来。 77

① 在古希腊传统中，以太被视为构成宇宙的神秘的、非人间的第五元素。

第七章

政治与正义

20世纪90年代早期出现了学界所称的“德里达思想的转向”：一种伦理和政治的转向。他的文章《法律的强力：“权威的神秘基础”》在1992年发表后，我们便不可能再无视德里达在他的“哲学-解构质疑”和更广泛的社会政治关切之间发现联系的努力。解构——拆解西方哲学传统（解构揭露了其“种族中心主义”的特征，因而它从来不曾是纯粹的哲学）的运动，不应仅仅被看作为一种工序、实践或进程，向批判性思想承诺了一种更公正的理论目标或某种智慧的进步，而应理解为正义相对于法律的运动本身：德里达宣告，“解构即正义”。

许多读者都看到了这样的前景：某种真正有益的东西终于要到来了。从《法律的强力：“权威的神秘基础”》一文开始，德里达的文本变得“政治化”了，他的著作似乎终于介入政治了，解构也以“新近政治化的语言”表达出来。随着他思想的这种新转向，德里达的文本现在或许会被用来促进“正义之供给”，它让我们得以走出“一种混乱感和时代错位感”。德里达摇身

变成了一位似乎能让世界和时代复位的人，并将这设定为知识分子的任务。一位新的修理匠先生，甚至一位新的马克思。 78

我们在本章中将会看到，从20世纪90年代以来，德里达的思想中确实有某种类似伦理和政治转向的东西。然而谢天谢地，这种某位思想家突然降临，可以在终极意义上帮助我们学会如何生活并让世界复位的幻象实在错得太远。在本章中，我将首先努力澄清德里达思想之路上的这个转折点的意义，然后探讨我认为他在转向之后所阐发的最有原创性和启发性的思想。

从边缘到中心

作为讨论转折点的一个铺垫，我想分析一下德里达的解构论证以何种方式瓦解了在符号时代占统治地位的书写阐释体系。在一段罕见的说明方法的文字里，他将其称为一种“干预”，其效果是“颠倒……并总体上替换了”重语音轻书写的传统价值等级。然而我们现在能明白，作为德里达铭写观念（他认为它是一种永远已经被置放的栖居）的一种根本性姿态，这种对传统建构的解构并不“从外部摧毁各种结构”，相反，除非以新方式“栖居在这些结构内部”，解构将是“不可能的、无效的”。事实上，如我们所见，德里达对付该结构（动摇它）的办法是在其内部选取一个已被承认但被**边缘化**的观念（“书写”），并用它来对抗统治它的那个价值等级秩序。于是，这种解构式的阅读就不以“破坏该传统”为目的，而是肯定该传统中“一直在抵抗预先存在的强力之组织化……即组织起（我们可简称为）逻各斯中心主义等级结构之统治力量”的因素。这样，在德里达的文本中，一种书写学转向就让逻各斯中心主义建构的运动以其本

来面目为世所知——它在事实和原则上也一直是一种经受书写
79 解构的运动。通过肯定抵抗逻各斯中心主义建构的因素，德里达的文本为这个遗产从内部锻造了一个未来，这个未来也让它越出了自己的主轨迹。

虽然逻各斯中心主义结构的解构是以语音-书写（解构之重构依赖的不是通常意义上的“书写”）的旧价值等级秩序的颠倒**和**替换为特征的，我们必须看到，就其情态逻辑（关于可能性的逻辑）而言[①]，德里达反驳传统的基本模式便是颠倒。例如，对于逻各斯中心主义传统而言，唯一可能的概念（真正**是**“一”的概念）便是是“**一**”的概念，因此（按照主流传统的理解），以**不可化约的**多义性为特征的所谓“概念”是不可能的，不可想象的，完全无意义的。在他的情态颠倒过程中，德里达会转而肯定，唯一可能的概念——唯一名副其实的概念——就是（按照传统的理解）不可能的概念。所以杰弗里·本宁顿才会那样概括（在上章末尾引用过）其套路，我们在那里看到，一个文本事件存在的前提条件就是它永远不可能实现经典的意义观念所要求的“理念纯粹性”。

这种颠倒论证的模式标明了德里达文本中的一种根本延续性，他早期对在场形而上学的解构和晚期对伦理、政治的直接讨论都是如此。事实上，本宁顿第一个发现，从“早期”到“晚期”德里达的变化最好仅仅理解为一种**重心的转移**，从传统上边缘化的论点转向更受传统关注的论点，但在方法和路数上没有任何变化。我甚至想说，德里达在发表那些关于书写、延异和可复

① 此处“情态”（modal）指逻辑学关于可能性、不可能性、偶然性、必然性的划分。

现性的著作后，一直在继续思考“唯一可能的X”如何能“以不可能者的形式”出现。[1]德里达在下文中如此总结他晚期分析某 80
些概念的逻辑（这些概念对我们理解我们与他者之关系的伦理重要性非常关键）：

> 例如，唯一可能的客道是不可能的客道[2]……这一点对于礼物也完全成立，对于宽恕也完全成立。所以我在尽力阐述一种逻辑，我愿意把它称为一种“逻辑”，在它之内，唯一可能的X（我指的是任何严格定义的X概念）就是“不可能的X”，并且在这样做时不会陷入一种荒谬的、无意义的话语中。

对传统做情态上的颠倒，意在表明，传统列为可能的情形（或者列为“现象的诸种可能性”）范围虽广，却仍然忽略了我们讨论的现象中真正“名副其实”的可能性。与上述可能性相对照（真正名副其实），真实存在或真正成立的可能性必须能够突破由仅仅可能者（传统意义上）构成的秩序[3]，因而在这个意义上是不可能的。所以唯一的（真实存在或真正成立的）可能性就是不可能性（按照古典传统的理解）。

以宽恕这个伦理问题的传统逻辑为例。它会坚持说，唯一可能的宽恕（唯一名副其实的宽恕）就是宽恕可宽恕之事的宽

① 原文中的the impossible是一个名词结构，所以这里译成“不可能者”。定冠词加形容词在英语中常兼有抽象与具体之意，所以the impossible也可译成“不可能性”，但上述两种译法都不能完整呈现其内涵。

② 参考第二章对“客道”的注释。

③ 原文中的real是就事实而言，true是就逻辑而言。

恕（否则便毫无意义）。对此做情态颠倒后的逻辑就是，唯一可能的宽恕就是不可能的宽恕，因而它肯定了宽恕不可能宽恕之事的伦理命令。唯一可能的宽恕（唯一名副其实的宽恕）就是（按照传统逻辑）不可能的宽恕。

现在考虑一下关于确定意义的“亚里士多德理想”，如我们所见，德里达将其等同于作为哲学本身的哲学。它规定，唯一可能的概念（真正**是**“一”的概念）就是是“**一**”的概念（否则便毫无意义）。于是，情态颠倒后的逻辑就是，唯一可能的概念就是
81 不可能的概念，因而它肯定了承认**不可化约的**多义性的理论命令。唯一可能的概念（唯一名副其实的概念）就是（按照传统逻辑）不可能的概念。

最后来考虑我们所理解的传统政治哲学的理想。它会认为，唯一可能的共同体（真正**是**“一”的共同体）就是是“**一**”的共同体。如本章后文所示，这里情态颠倒后的逻辑是，唯一可能的共同体就是不可能的共同体，因而它肯定了这样的政治呼吁：建立“一个由各种独特性构成的共同体”，没有任何共同性的共同体，“没有共同体的共同体”。唯一可能的共同体（唯一名副其实的共同体）就是（按照传统逻辑）不可能的共同体。

所以，虽然时常有人提醒我们区分“早期”和“晚期”的德里达，但我们不应据此认为，这暗示他的观点变了，更不应相信他的论证逻辑变了。重申一下，他的路数或方法并无明显变化，只是重心变了：从哲学边缘的袭扰变成对我们核心伦理和政治关切的侵入（他并未放弃那些袭扰）。因此，如果以为他的早期著作缺乏这类伦理和政治关切，就是一种双重误导。认为一部开篇（甚至是第一个句子）便宣告它努力的目标是“聚焦于一直在

各处控制着书写观念的**种族中心主义**”的文本还不算有深刻的伦理和政治内涵，无疑是幼稚的；这样也无法认识到，当德里达为未-来撰写序言时，已经包含了对不可能性的肯定，从而已经是一种具有浓厚伦理和政治意味的姿态。

尽管如此，解构的伦理-政治面向，即它对**伦理政治**的特别关切（我们可以如此描述），的确是在德里达晚期著作中更直接、更丰满地进入前台的。如前提及，这些著作讨论了客道、礼物、宽 82
恕，还有两本（《马克思的幽灵》和《友谊政治学》）在“共产主义终结”和“柏林墙倒塌”的余声中考察了政治共同体的问题。①

对于自己的新方向，德里达有时出乎意料地缺乏信心。例如在研究政治共同体的这两本书里，他说自己的论述还处于“草稿阶段”，并承认自己“谈论这些话题的能力”颇为有限。然而，他一如既往地决心以解构的方式从事此领域的研究：他的思想仍然“在它所质疑的语言构成的环境中铭写、展开并被理解，在那些自身也被自解构运动所控制的［政治观念］的心脏地带做斗争”。他所探讨的这些观念也不是随便选择的政治观念。它们都是理解属于欧洲社会（作为现代民族国家范式）的政治和政治共同体的关键：博爱、平等、友谊的观念以及它们与血缘、土地的关系。

所以说，德里达转向后的著作开始探讨的是古典政治理论的核心观念。然而，这并不意味着德里达的文本试图建立一种“政治理论”。在他出版《论书写学》三十年后，在他初次尝试

① “共产主义终结”是西方对苏东剧变的称呼，英语的“共产主义”（Communism）一般对应于中文的“社会主义”，英语的“社会主义”（Socialism）一般对应于中文的“福利化国家或制度”。

“越出知识闭合圈之外”，并选择了“不可能的序言”这种文体形式三十年后，他在苏塞克斯大学做了一次讲演，用出色却非完美的英语如此形容（形容得却很完美）：

> 我并非提出一种……政治理论，因为我所说的内容恰恰超出了知识的边界。在它最极端、最本质的形式里，它与某种不能变成定理的东西相关，它是某种我们不得不去知道的东西，有某种体验，某种政治体验……就是无法成为理论的对象。这并非一种反理论的动作，我认为政治理论是必要的，但我用以阐明政治理论必要性的是政治中某
> 83 种……由于结构性原因不能成为知识、理论、定理对象的东西。所以，它不是一种政治理论……也不是解构的政治学。我认为，如果“政治学”指一种纲领、议程甚至一种政体的名称，那么不存在解构政治学这种东西……因此，我认为，我所从事的活动不能被称为政治理论或解构政治学，但由于我在最后这些书之前一直在做的事，我认为自己就政治话题再说些什么的时机已经来临。不是径直发表一种政治理论，一种解构政治学，但就政治话题说些什么也不是一种思辨的姿态：它是一种具体的、个人的使命感，这种表演性的使命感是我正书写的内容的一部分。《马克思的幽灵》在成为关于马克思的理论、马克思的遗产的文本之前，首先是（可以这么说）在某个时刻、以某种形式、以某种独特的方式表现出来的个人使命感。

让我们沿着这条“个人使命感”的道路往下走。

解构中的政治共同体

我想，《马克思的幽灵》中浮现出来的个人使命感或许已经让德里达的一些读者深感惊讶。尤其是德里达像马克思那样（但又声明与马克思**无关**）一再确认“我不是马克思主义者”[①]，他也反复重申，自己不属于对降临东欧的“极权恐怖”和“苏联官僚体制的社会-经济灾难”视而不见的那些战后法国知识分子。他说自己一直反对现实中的“马克思主义”和“共产主义”。所以在这个意义上，他并不为所谓的“共产主义终结”感到伤心。然而，虽然德里达并不属于马克思主义者的极左翼或者后马克思主义左派，但他坚称自己反对马克思主义或共产主义并非出于保守或反动的心理，他也没有通过著作加入20世纪 84
90年代早期某些人的大合唱，宣告“历史的终局”正在到来，“在人前竭力夸耀他们信奉的那一套资本主义、自由主义思想，吹嘘**现在的**（其实也就是**过去的**）选举和议会制度的优越性”。现实并没有那么美好。针对历史终局的论调，德里达着力展示了不少大规模的反证，但在接下来的几页，我只想选取他对我们时代两个特征的分析，它们与任何关注民主未来的人可能都有关。

第一个特征与下述事实密不可分：现在的议会民主制形式其实是过去的形式。民族国家议会民主制的欧洲模式是与通信技术的特定发展水平一起出现的。然而，前者完全没有经历我们在后者身上已经目睹并正在目睹的剧烈变化。这是一个事实，也是一个问题。德里达担心，这些变化对旧模式并非没有影

① 根据恩格斯的转述，马克思生前曾五次说过，他不是马克思主义者。

响。事实上，德里达认为，在特定技术发展水平的时空内出现的各种议会代表制形式已经被“技术-远程-媒体工具和信息通信的新节奏”“削弱到了危险的程度”，技术惊人的发展速度已经根本改变（而不只是扩展）了世界的距离和时间，这些变化正在改变世界，并破坏了属于欧洲旧民族国家的可本地化的“公共空间”之“位置”这个重要观念。

德里达提出，在我们的时代，“如果存在一种不尊重职业政治家的趋势”，这可能不应归罪于政治家个人。他们可能品行正直，真心在努力思考政治和社会境况。但他们能做什么？他们越来越成为（甚至仅仅成为）“媒体所再现的人物”，全球24小
85 时不间断的媒体已经根本改变了以前他们在民族国家中的“正当权力”所嵌入的公共空间。德里达感慨道，在我们的时代，“政治人物经常有沦为电视演员的风险”。

所以，德里达没有加入庆祝共产主义终结的媒体狂欢，也没有兴奋地宣告“自由民主制和市场经济”的全球化将标志历史终局的“福音”。“解构从来不是马克思主义的”，但它也不是简单地“反马克思主义”的。事实上他指出，自己早期解构逻各斯中心主义的工作“在一个前马克思主义的世界里是不可能的、无法想象的”。然而，德里达在20世纪60年代并不愿与正统解释中的那位马克思发生关联，30年后仍是如此。尽管这样，他仍认为应该肯定某种“马克思主义的精神”。他打赌，这样想的不会只有他一人。为了让分散于全世界，甚至可能彼此不相识的朋友形成或建立某种代表了“混杂性本身”的“聚合体”，德里达追求一个“没有组织、没有政党、没有民族、没有国家、没有财产”的新联盟，他称之为“新国际”。

要理解这种姿态，我们首先要明白，德里达并不反对他在这里列出的任何东西（政治组织、政党、民族、国家、财产），仿佛它们是某种规范性的政治理论中应当**先验地**加以反对的东西。然而，他在力图理解今天越出它们边界的东西，并思考在这个“决定性变异的阶段”是否可能实现某种“未-来民主”——它不再受限于现在的（其实就是过去的）政治民主和代表制形式，并更适应（或者说不再严重地不适应）正在改变我们的世界和政治空间的“信息通信的新节奏”。

德里达的文本在我们已经栖居的空间里开辟路径，竭力在 86
政治传统中找回某种已经抹除其边界、消解其疆域，已经将其带出现在的民族国家界限的维度。他找到了，该维度就存在于“人数和平等”这个从根本上属于民主但却“抽象并且潜在地无偏倚的思想”中。这一原则**可以**与（传统上**已经**与）一种被德里达形容为“可怕的”疆域化危险结合起来：这种危险就是一种“同质化可数性”的观念，它信心满满地知道如何将某些人“数入”或“数出”民主秩序[①]；经典的阐释是，在“土地和血缘”方面可以“数入”的人就扎根于该秩序。根据这种古老的观念，**我们都是一样的**：你、我和所有算数的人。“我们”不是他者，你、我和每一个算数的其他人都可算作“相同者”，共享一种根本的平等，因为我们**自然地**属于一体——我们是兄弟、朋友，我们在特定的疆域内有根，自然的根。对于民主共同体传统形式的这个维度，德里达的文本不想保留任何东西。然而，至少在目前，民主之名在其内部**也同时**容纳着某种截然不同的东西：

① 即通过是否计数的方式将某些人纳入民主制的适用范围或排除在其之外。

> 在国家和民族之外实现普遍化的力量，对匿名的不可化约的独特性的尊重，这些独特性无限不同，因而对个别的不同无所偏倚，也对狂热追求同一性的行为无动于衷，正是这种追求败坏了独特性最不可摧毁的欲望。

虽然作为一种政治形式，民主一直和对（以血缘和地域的所谓自然纽带为基础的）平等的欲望纠缠在一起，德里达却在这种欲望内部找回了一种准世界主义的爱，它珍惜并滋育每一位他者的独特性，有力地抵抗种族和民族的同质性以及身份化的情感。

这种珍惜独特性和差异性、对具体差异无所偏倚的准世界主义态度，突出了我们应当留意的当今时代的第二个特征——对正义的关注。“新国际”不是一个新的“共产党国际”，它并不
87 试图建立共产主义制度，它甚至都不诉诸某种“共同性”——无论是阶级共同体，还是种族、民族甚或国际共同体。尽管如此，这个由分散朋友组成的世界性联盟特别关注这个事实：当今的国际法是由特定民族国家及其技术-经济的军事力量所统治。这不应归罪于作为法律的法律。德里达也毫不犹豫地向国际机构的工作者致敬，并努力帮助他们摆脱这样的统治。但这种统治是一个事实，也是一个问题。德里达在这个问题上的忧虑可以一直回溯到柏拉图：

> 柏拉图相信，只要不是由哲学家统治，只要行使权力的国王和形形色色的世袭君主不是哲学家，也就是说，只要**哲学**没有和政治权力相结合——换言之，只要正义（必须和法

> 律相区分）没有和权力相结合，只要正义与强力不一致，实现理想国就是不可能的。

从某个角度看，“新国际”是哲人王的一个新化身，一个新近民主化的化身。它属于这个希望在世上见到“哲学和政治权力相结合”、正义和权力相结合的运动（必须承认，许多世纪以来它都被嘲笑，但哲学家知道他们必须耐心等待）。

那么，这个没有政党、没有组织、没有会员证的新国际、新运动包括谁呢？首先，和哲学本身一样，它向所有人开放，不排斥任何人：“新国际几乎不能称为共同体，它只属于匿名性。”然而，对于这个没有共同体的分散共同体的成员而言，尽管落在他们身上的责任原则上是均等的，不排除任何人，但**今天**它并非
毫无区别地落在每个人身上。相反，德里达声称，**今天**它“更强 88
烈”、“更优先”、“更迫切”地落在一些人而不是另一些人身上。德里达在下面列出了它所选择的人群：

> - 已经做到抵抗“马克思主义教条的某种霸权”的人；
> - 一直坚持考虑并实践这种抵抗，并且“对各种反动的、保守的、新保守的、反科学的、故弄玄虚的诱惑没有表现出丝毫容忍”的人；
> - “以一种面向未-来世纪的新启蒙之名，一直坚持以解构（我敢说）的方式工作”的人。

简言之，这个根本上匿名的、极具推广性的责任并非属于“随便什么人”。我们唯一能确定的是：它是德里达（和他的同路人）

的责任。

我们生活在一个“爱人、家庭和民族”去地点化、去本土化的时代。我们应该如何构想一种超越“朋友共同体”之政治（它已经统治现代欧洲乃至西方两百余年）的政治？如我们所见，经典的民主友谊政治学热爱、珍惜、滋育兄弟间的平等[①]：也就是可计算性、可数性，在其框架内，人们不加区分地、平等地统计单元、投票人、公民、声音。（“在最低水平上，民主意味着平等。”）然而问题在于，是否可能设想一种民主友谊政治学，它能够摆脱同质化和种族-民族主义身份政治（它如此深刻地侵入了我们的时代）的可怕威胁。

我们已开始意识到，这样一种可能性能够从一人（每个人、任何人）算作一人的民主概念中找回。肯定每个人算作一人可
89 以意味着，每个人都分享**相同的**身份。这就完全从通常单一体之间的具体差异中抽身而出了。然而，每个单独他者都有彻底的不可置换性、绝对的不可替代性和根本的独特性，对这些特性的体验（尤其是在与所爱朋友的具体接触中）和平等性、相互性一样属于友谊。那么问题是，能否存在一种**既**珍惜每个人的平等**又**“考虑和尊重每个人的异质独特性”的民主友谊政治学？这样一种政治学将可以最有效地抵抗统治了经典友谊观念和民主政治实践如此之久的“狂热追求同质性和同一性的行为”（将扎根于相同领土、血缘和地域的兄弟-朋友共同体、兄弟的平等视为民族的自然基础）。是否可能设想一种“越出古典政治模型界限的民主”，让我们能够“以新的方式思考为每个人争取平

① “友谊”和“朋友”在西方古典政治中常指基于共同利益结成的联盟及其成员。

等和尊重独特性的双重命令”？

希腊-基督教的数十个世纪——自称为（要求自己成为）“欧洲”的这种地点铭写——已经让民主政治欲望的一种去本土化运动破墙而出。[①]但它正去往何处？让我们跟踪它。

民主欲望

德里达将民主政治欲望的基本特征描述为在友谊政治学核心发现的“双重命令”，现在它被视为民主的必要（但非充分）条件：

> 没有对不可化约的独特性或他性的尊重，就没有民主；但没有“朋友共同体”（希腊语 koína ta philōn），没有关于多数的计算，没有可识别的、稳定的、可代表的、人人平等的主体，也没有民主。两条法则都无法彼此化约。悲剧性地不可调和，永远相互伤害。伤口本身因为下面这种必然
> 性而张开[②]：每个人不得不在自己的“经济”中（在它之内， 90
> 每一个他者都全然是他者）算入自己的朋友、算入他者。但在它之内，每一个他者也都**平等地**全然是他者。政治欲望比矛盾还要严重，它永远都陷在这两种法则的撕扯中。它也承载着一种民主的机会和未来，它随时可能导致后者的毁灭，但又像生命本身一样，在其**分裂特性**（对自己的亏欠）

① “欧洲”的地点铭写是一种以民族、地域、文化的身份认同为基础的“本土化运动”，现在被它囚禁的一种反向运动或者说“去本土化运动”已经不可阻挡。

② “伤口本身”（the wound itself）的“本身”（itself）强调的是这种伤口（两条法则相互伤害的伤口）是根本性的，不可避免的。

的心脏里[①]，维系着后者的生命。

按照这种阐释，对民主的政治欲望注定永远不可能满足自己：它喜好的是一种永远无法实现理想的完满形态的东西。它的“分裂特性”决定了，一种“对自己的亏欠”（无法达到充分民主的状态）是不可化约的。任何我们所认定的民主制度，例如一个民主国家，立即并且永远与我们渴望的标准有差距。但是这里说的有差距并不是说未能实现某种理想的完满状态——它或许在未来（哪怕是理想中的未来）的某一天能到来。民主（也许它在这一点上独一无二）不可能面向这样一种理想的终局，朝着它前进。相反，在一个个具体的样例中，我们只能挣扎着**忍受**张开的伤口，**以民主之名**行不得不行之事——我们的思考和决定必定会毫不耽搁地背叛“朋友共同体”，因为我们不得不用不可计算的东西（不可计数——因为每个人都是独一无二的）来计算（或者说算作相同）。

根据这种理解，民主之名代表的是一种政治欲望（显然它和宗教欲望有相通之处）的目标——这种欲望珍惜并滋育每一位他者不可化约的**独特性**（因此它最强烈地抵抗在旧欧洲留下鲜明印记，并且仍未消失的同质性和同一性政治）。但也由于同一个原因，这种政治欲望也珍惜和滋育**平等性**。对民主欲望的朋友而言，人绝不可以要求他者和自己一样，将我的身份作为某
91 种与我“共有”的东西来分享。民主欲望努力实现的“朋友共同体”是一种单一体的联盟，那里每个人都无限地是他者，每个人

① “对自己的亏欠”指真正意义上的民主永远无法实现。

都是独一无二的。(事实上就是新国际的兑现。)但也正因如此,在它梦想的"朋友共同体"中,每个人都和他者一样被认可,每个人和每一个他者都根本平等。每一步都伴随着"不可解结"(aporia,来源于希腊语a-poros,就是无路可通的体验)。这是一个没有终极目标的民主政治的政治学。

正因如此,民主代表了一种"他者",它不同于每一种以某个清楚界定的关于**人类应有终局**的目的论-弥赛亚式观念为框架的政治学;它是每一种朝向救赎式结局的政治学的他者。作为一种政治欲望,民主信念所渴望的既不是现在已经给定的某物,也不是在对一个理想的未来现在的期望中给定的某物,因此它的欲望对象如列维纳斯所说,是某种"无法充分理解"之物。所以,我们所讨论的政治欲望在世界中的面向从结构上就包含了不可解结。从根本上说,与在旧语言中寻找一种**新表述方式**一样,以民主之名忠诚地思考和行动也具有临时性的特点:在"自己的经济"——在一种固化于语言、文化或传统之内的"经济"——中采取步骤,在我们的体验中就是朝着横在我们前方的某种"我们不知之物"努力。相对于这个未来,我们的今天体验起来就像是某种未-来的前言,某种尚未书写的、不可预测、不可知晓之物的前言。

事实上,这些想法将我们带回了本书开头的几章,因为通过它们,以人类终局为旨归的在政治学边界外重新思考政治学的挑战与德里达在最早著作中所强调的西方传统之内的变异发生了关联。哲学家戴维·威金斯[①]在《后达尔文时代》(其实也可以

① 戴维·威金斯(1933—),英国道德哲学家、逻辑哲学家。

同样明了地称为后哥白尼时代）的这段引文里毫不隐晦地总结
92 了这种变异：

> 只要不是马克思主义者，我们［今天］就应当比18世纪或19世纪的人们更善于抵抗在神秘主义或形而上学的观念（例如人类解放、进步或者绝对精神的持续演进）中寻找人生或人类历史意义的企图。我们并未失去对解放或进步本身的兴趣，但无论这是暂时还是永久的现象，我们已经多少摒弃了这样的想法：解放或进步（或者精神演进的正确观念）的重要性在于，它们是人类这粒微小尘埃借以标明自己是整个宇宙之精神中心的记号。

在和德里达一起更仔细地追踪这个进入我们时代的去中心化运动之前，我想讨论一下威金斯匆忙搁置马克思主义可能引发的忧虑。有人担心，除非我们**是**马克思主义者（或者至少还能就人类理想生活的应有内容即**人类的应有终局**形成一个客观的观念），否则我们就将**彻底**失去评估自己是在接近还是远离实现更好生活这一目标的依据。如此一来，继续对“解放和进步的重要性”感兴趣就显得毫无意义。威金斯声称，我们提高了对历史–弥赛亚式叙事的抵抗力，**并不**意味着我们失去了对“解放或进步本身”的兴趣[①]。但我们今天还能保持那种兴趣——同时又不是马克思主义者吗？

这个问题促使我们承认，**我们**属于这样的社会：其历史的

① 自利奥塔的《后现代状态》发表以来，“叙事”常指试图系统解释历史宏观演进的一整套观念和说辞。

自我理解实在无法从根本上与马克思主义相切割。如德里达所言，“无论他们是否愿意、是否知道，今天全世界所有的男人和女人在某种程度上都是马克思和马克思主义的继承人”。每一种声言我们对解放或进步的兴趣能够与马克思主义根本绝缘或者完全抛开马克思的话语都会面临困难，尤其当我们认为自己与马克思主义无关的时候。下面的引文还是来自德里达： 93

> 一个弥赛亚式的承诺，即使它最终没有兑现，至少就其表述的形式而言，即使它向某种本体论的内容径直奔去，也会在历史上留下一个开创性的、独特的记号。无论我们是否喜欢，无论我们如何看待它，我们都无法不成为它的继承人。

我们若不想做天真地不自知的马克思主义者，就最好关注这份遗产。我们需要关注马克思和马克思主义的幽灵，尤其在人们经常天真地宣告马克思主义已死亡的今天。

我在后文会返回这一点，但首先我们需要承认，威金斯的观点在政治方面虽天真，在历史方面却洞见了一个重要事实。我认为这个论述显然是对的：

> 我们［今天］比18世纪或19世纪的人们更善于抵抗在神秘主义或形而上学的观念（例如人类解放、进步或者绝对精神的持续演进）中寻找人生或人类历史意义的企图。

在威金斯的论述中，马克思主义是建构关于人类解放和进步的历史－弥赛亚式宏大叙事的最后的大动作之一。

如果我是马克思主义者，甚或是彻底的马克思主义者，我会如此理解我们生活的意义：人类目前处于异化的状态，它指向一个消除异化的历史运动，该运动将实现拨乱反正，只要我们能采取集体行动，发动这场革命。当威金斯暗示，至少今天我们大多数人**已不再相信**，我们还能像这样依赖一种以人类异化与消除异化为内容的历史哲学时，他是否在用不正当的方式占“我们”的便宜？我认为不是。在我们的时代，我们需要决定性地改变
94 思维模式，不再固守（古典的弥赛亚式）人类终局观念，以为我们**最终将学会如何生活**，而应该学会忍受永无休止地学习如何生活（却依然保留那种弥赛亚主义的部分内容），学会在不可能**最终**学会如何生活的条件下生活。在德里达看来，这种转变完全无法与书写学变异分开，后者概括了逻各斯中心主义的符号时代的终结——统治该时代的是一种将人类历史视为朝向人类终局的目的论运动的种族中心主义观念，因此与我们世界中解放一种严格意义上永不可终止的对“未-来民主”之欲望的努力密切相连。

各种历史神义论，各种以救赎为终局的世界史，无论它们是有神论还是无神论，都只能把德里达文本所肯定的我们与未来的这种不太体现目的论的关系视为一种绝望的建议，最多也只是消极无为的借口。然而，从民主欲望的内部看，唯一值得我们（我们的语言、文化、传统）拥有的未来就是作为未-来被体验的未来。这种对自由和进步的希冀（对宗教信徒和非信徒都如此）可以摆脱黑格尔所称的在历史终局阶段的“确定结果的可实现性”（那时，人类将最终实现一种据信是理想形式的人类共同体，在这个共同体中，他能够现实地成为他一直可能成为的样子，并

且从根本上消除了异化，自由而平等，这个共同体最终真正**是**“一”，因为它是一个最终是“**一**”的人类共同体）而依然有效。

有人或许觉得，如果没有这种海市蜃楼的福音，如果不深信在某种理想共同体中，人类的救赎式终局定会来临，我们就会在原地搁浅，就会被抛弃“在起跑线上”。但正如德里达所言，这也会给予我们在此时此地行动的“力量和速度”：尽我们所能让空间敞开，迎接民主欲望的未知朋友们到来。

因此，在德里达的文本中，是“**超越了所有‘弥赛亚主义’的对一种可普遍化的独特性文化的希望**”占据了在我们今天以前 95
的时代里预留给对解放和进步的经典兴趣的位置。无论我们在哪里肯定本章开头所概述的情态颠倒之逻辑（唯一可能的共同体就是不可能的共同体），它都会在此时此地发生作用。也因为如此，在可以做出任何此类判断的范围内，我们时代最吸引人的生活将属于那些参与者（我们姑且称他们为“哲学家”，无论他们是谁）：他们最强烈地感受到，**最终已解决如何生活的问题这种想法**是今天应当竭力**抵抗**的东西。

那究竟抵抗什么？首当其冲的是每一种鼓吹弥赛亚到来的**教义**之统治。另一方面，刚才的抵抗之拳还有别的靶子，包括我和威金斯所认定的最后的大动作——它力图构建以解放和（朝向完全符合人性的共同体的）进步为内容的古典的历史-弥赛亚式理想：这种观念声称掌握了**人类的真理**，因此承诺我们**最终能够**学会在**人类的应有终局**如何生活。我是指马克思主义。

大约300年来，由于理解和实践我们的生活意义的方式日益世俗化，在标志我们时代的对历史-弥赛亚式叙事日益激烈的抵抗中，唯有马克思主义存活下来，或许并不令人惊讶。在我看来，它**不应**以其经典形式继续存活，是德里达精彩却艰深的著作《马克思的幽灵》的核心思想。和威金斯一样，德里达希望在我们时代部分地保存对解放和进步的经典兴趣（对他自己而言，就是超越天真地保存马克思主义的某种东西）。然而，德里达还是像威金斯一样，希望以新的、**非古典的**方式继承它，也就是**摒弃**人的最终结局这个想法以及与之相关的一切。事实上，他说他
96 不想从马克思主义继承“**几乎任何东西**”。

另一方面，在从不向马克思主义恫吓低头的情况下，德里达的文本试图从马克思主义那里保存和继承它的解放精神，以反击今天四面与我们对峙的“资本宗教”。德里达的著作，尤其是晚期著作，明确呼吁一种跳出职业学术圈的思考和诘问方式，不再仅仅沉浸于“寺院式象牙塔”所关注的问题，而能别有贡献。哲学-解构的诘问应当以改变现状为己任，“不只改变职业的……也要改变世界的现状”。事实上，在德里达尽其可能坚定追随近代哲学家蒙田关于法律（法语droit）和正义的区分（虽然他也坚称这不是“真实的区分”）过程中，他在《法律的强力》中所称的现存法律相对于正义的“亏欠体验”具有根本性的意义。他同样坚持认为，自己关注的不可解结绝不应让人停下脚步，阻止他们积极投身“司法-政治的战斗”。他说，恰恰相反，我们需要做的不是将“解放的战斗”带到法律之外，而是将法律——至少是他认为对于司法推理最关键的“计算元素”——带入每一个呼求正义的领域。

这里所言的法律的可计算性与规则的通用性（即司法推理在原则上可用于任何人）相关。与之对应的是德里达所强调的正义的“不可计算性”，它所涉及的决定本身总是独特的，牵扯

的个人或集体从根本上说是不可替换的，所处的情境在终极意义上也是抵抗泛化的。但德里达认为，法律仍是我们所拥有的针对这类独特性组织某种回应（尤其不可排除政治化回应）的最好、最**正义**的手段：“不可计算的正义**要求**我们计算”，它要求我们在“仍在进步并将不得不继续进步的解放斗争中”做出一
切努力。而且，它要求我们不仅在已确认的“司法-政治化的疆 97
域内”，也要在新的、仍然处于边缘的领域里做出一切努力。德里达举了一系列例子，其中许多在如今称为应用哲学的学科里都是熟悉的话题：

> 关于语言教学与实践的法律，经典著作库的正当化，科学研究的军事用途，堕胎，安乐死，器官移植的各种问题，子宫外妊娠，生物工程，医学实验，艾滋病的社会治疗，毒品的宏观与微观政治，无家可归者的安置，等等，当然也不能忘记对我们所称的动物生命，即动物性的处理这个话题。

德里达坚称“**法律**存在这个事实本身是**正义**的”，正是因为他看到，我们亟须为这样的解放斗争找到正义的应对方法。

在下一章，我们将会看到德里达如何探讨与上述最后一个领域相关的问题：以解构方式对待关于“我们所称的动物生命”
的遗产。 98

第八章

人与动物

解构人文主义

在其代表作《存在与时间》的第一章里，马丁·海德格尔提供了一段历史性的阐释，揭示了在理解我们自身存在的问题上，“我们在我们的时代”是如何迷失方向的：他指出，“阻碍理解我们的存在这个基本问题（或者让它偏离正道）的是”“一种完全被古[希腊]世界[将人视为理性动物（希腊语zōon logon echon，拉丁语animal rationale）的观念]和基督教[人是按上帝形象所造的观念]的人类论浸染的取向[1]”。如我们所见，从这些源头流传下来的对人类的理解，以及以此为基础确立的“人类应有之属性”的理解，是德里达著作的一个中心主题。追随海德格尔，他经常将其称为对人类的经典“人文主义”理解。按照海德格尔的描绘，人文主义传统在定义其所称的“人类”时，将

① “人类论”（anthropology）不能译成“人类学”，因为这个学科那时尚未建立，而且这个词在这里的内涵也不同于人类学。

它视为一种和其他实体共同生活于世间的实体（拉丁语Homo animalis，“动物人”）。然而，人类并非简单地与世间万物等同，甚至不与其他生物等同。相反，人文主义赋予人类一种万物皆不能享有的具体而特殊的差异或者说尊严：人是具备理性或语言禀赋的动物；人是上帝按照上帝的形象创造的有限生灵［拉丁语ens finitum］。 99

海德格尔认为，这种经典人文主义人类论仍盘踞在自笛卡尔以来的现代哲学中：它也首先以在场的思维理解人类存在，然后为这种动物性的存在赋予一种独一无二的属性。因此，它摒弃了“人的本质就是一种动物有机体”的纯自然主义观念，主张“这种对人类本质的不完满定义［可以］通过”添加人有“不朽灵魂”的思想，或者通过“为人类的身体添上心智”，声称我们是思考的生物、自我觉知的主体来“替换或补救”。因此海德格尔相信，在以意识为出发点的后笛卡尔哲学里，人文主义的观念仍构成背景：“从原则上讲，我们仍在按动物人的路数思考——甚至后来我们将它理解为主体、个人或精神的时候……仍是如此。”

这样，在海德格尔看来，“阻碍”我们充分理解自身存在的就是这种双重的经典人文主义人类论。他自己的替代方案本身（他亲口承认）也是一种创造性的“人文主义”，这从他下面的话可以明显看出：他说，经典人文主义的主要问题不是它把人身上只属于人的特性（人类的“人性”）摆得太高，反而是摆得“不够高”。或许首先在这一点上，德里达最大程度地偏离了海德格尔。我们将会看到，德里达不愿否认我们赋予人与其他动物的区别这一观念的重要性，也不肯与人类只不过是普通的“动物有机体”这种纯自然主义想法有任何牵连。但另一方面，德里达又认为，经典人文主义传统（包括海德格尔的创造性发展）描述这种区别的方式无论在理论上还是实践上（我们今天对待动物的方式）都有严重问题。我想在本章介绍德里达解构关于此话题的人文主义思想的主要思路。

德里达在发表于2002年的文章《因此我所是的动物（更多
100 待续）》中提出了他所谓的第一条“论纲”，它可以用来概括他反对人文主义传统的主要观点。虽然德里达从未质疑我们对人与动物之间存在“深不可测的鸿沟”这一观念的“常识化”信奉，他的论纲却提出，这条鸿沟不应该想象成“一条单向度的、连续不断的线”，“人类”在一边，“动物”在另一边。他的论纲也同样挑战了我们对鸿沟两边各是什么的理解：一边不是人（按照“世界历史”的框架、以目的论的方式来把握），另一边也不是同质化的笼统范畴“动物”或“动物生命”（仅仅或纯粹按照“动物有机体”的自然史框架、以生物主义的方式来把握）。

我在本书中一直强调，理解德里达的文本如何质疑关于人类和人类应有终局的逻各斯中心主义观念非常重要。如我们所见，从最早的著作开始，德里达的解构工作特别针对的就是“自然与文化、动物性与人性之类的二元对立”。然而，直到他开始更直接地讨论伦理和政治，动物性的问题和对本体论-神学人文主义的批判才得以交汇。

为帮助读者历史地理解德里达反对人文主义的主要观点，我想从哲学家科拉·戴蒙德的一篇文章切入，她在这里着重区分了思考人与动物区别的两种方式：

> 研究沃肖或者海豚的行为并不能发现人与动物的区

别。[1]那种研究或动物行为学或进化论都不会揭示我们与动物有何区别：我已经指出，这种区别是为人类生活而存在的一个中心观念，它更多的是观照而非观察的客体（虽然这种说法可能被误解；我不是说它靠直觉）。混乱的一个原 101
因是，我们没能区分“动物与人的区别”和“动物与人的差别”；在讨论男女之间的关系时也有这种混淆。在两种情形里，人们都求助于科学证据来说明“区别”没有我们想象的深刻，但这些证据能表明（或直接表明）的只是“差别”没有我们想象的显著。在动物与人的区别这个问题上，显然我们清楚地知道两者存在许多极其明显的相似点，却仍然形成了这个区别的想法，发明了这个区别的观念。

在为人与其他动物存在区别这个立场所做的辩护中，这是我所知晓的最成功的尝试之一。但要领悟这番论证的新颖之处，我们就需要将它置于哲学史上各种标准的“人文主义”表述所构成的语境中，并与之对照。事实上，德里达在阐述逻各斯中心主义的遗产时，考虑的正是这段历史。德里达的文本甚至将逻各斯中心主义“首先”定义为“一种关于动物的观点，它剥夺了动物的**逻各斯**和**能够拥有逻各斯的特权**”。正是逻各斯中心主义的时代让戴蒙德的肯定成为可能，但这个时代却必须尽可能地摆脱统治它的人与动物相区别的观念。

由于我很快就要提及的一些原因，虽然我认为，关于这种区别的统治性哲学观念并非简单地根植于“理论”资源里，我们

① 沃肖（1965—2007）是一只雌性黑猩猩，是第一位学会用美国手语来交流的非人类动物，她掌握了350个手语符号。

仍可以跟随德里达（和海德格尔），认定它出自逻各斯中心主义时代的希腊和基督教源头，从上文已经概括的相应的希腊和基督教人类定义中寻找理论线索：将人类视为理性动物（希腊语zōon logon echon，拉丁语animal rationale）的观念以及人类按上帝形象所造的神形论。

我认为，反复探讨、修正和阐发这种区别观念的传统是根植
102 于这两个源头的。然而，这个传统现在显然正在部分失去它的普遍魅力。如今许多人已开始认为**不应该**支持这样的结论：这种区别是我们人类已**发现**如此的事实（用戴蒙德的话说，“观察的客体”）。和戴蒙德一样，德里达也坚定反对这种“认知主义”的区别观念。

然而，德里达同样不满意他们这一阵营中某些人的后撤性立场。这种观点认为，我们声称发现了人与动物的深渊式区别，这是人类的一个**事实性错误**，是蒙昧时代的残留，那时我们还不能正确理解自然和作为自然生物的我们。一些人认为，今天我们有能力（理论能力）拨乱反正，并且相信下面的事实已经得到证明：我们只不过是一种普通的生物，归根结底与其他生物只有程度上的差别。

德里达和戴蒙德一样完全反对这种后撤性立场：“人只有变得比动物更愚蠢［法语plus bête que les bêtes］”才会相信“自称为人类的生物与他们所称的动物之间”存在“某种同质性的连续性”。但这并非暗示，他重新肯定了经典人文主义。相反，我们在德里达的文本中发现了一种缜密有力的论证，试图在人文主义传统和愚蠢的生物主义之间开辟出一条路。一方面，他摒弃了经典人文主义的假定，不相信它所讨论的区别是我们已经

发现的事实（无论通过哲学思辨还是宗教启示）。但另一方面，他也摒弃了纯自然主义的假定，不相信我们对这种区别的常识化信奉不过是由于确立事实的手段**有缺陷**而导致的，并且今天它已经让位于我们对自然和作为自然生物的自己更具说服力、更科学的理解。 103

我认为德里达同时攻击这两个靶子是对的。然而，在一个看似非此即彼的情形里（人类的或者事实上与动物有截然区别，或者事实上与后者构成根本延续的关系），他却同时否定了双方，这似乎让我们再无别的选项。德里达要求我们（在某种自然主义的立场上）“考虑各种异质性结构和边界构成的多样性”，这样做或许能避免他所称的“针对动物的犯罪”（也就是将它们圈进“动物”这个笼统范畴），但这种要求并未解释我们为何认为“**自称为**人类的生物与**他们**所称的动物之间”的区别如此重要。例如，它没有解释我们为何不吃死人（除了在最极端或者最仪式化的情况下）。

为了让经典人文主义和现代自然主义的跷跷板动起来，还有一个步骤是必须的。一旦我们意识到在理解我们为人与动物的区别赋予的意义时，**两种**理论的核心都以相同的**认知主义**为基础，这样的目的就可以实现。双方都声称，要正确把握其意义，最终的**决定性**因素是，我们的信念已经与事物的真相（甚至本质）相一致。这种倾向是我们需要抵抗的。也就是说在此领域，我们需要跟随德里达，抵抗理论反思中的这种诱惑，那就是肯定在许多人的日常伦理观中出现的“天真的认知主义”（戴维·威金斯的说法）。这并不意味着，在理论上更高明的思想者——愿意相信人与动物的区别“是观照而非观察的客体”的思想者——打算放弃“高等和低等生命形式之间的差别”真实存在的想法，或者猜想这些差别都是虚构的。相反，这样一位思想者能够接受存在一种令人惊讶的“生物异质多样性”的观点，并且能坦然相信这些**差别**都是**客观的**。然而如威金斯所言，这位思想者“会坚定地声称这些差别不是**决定性的**”。他接着说，
104 “这些差别也许对我们很重要。但它们的意义取决于一个自由建构的框架，而非某种为了向真相负责而制造的东西”。我们赋予这些**差别**的意义，尤其是我们形成的**区别**观念不仅仅是恰当对待**客体性**的问题——或者我们可以换一种等价的表述方式，既然我们讨论的是一种“绝对”区别的观念，该意义同样不是恰当对待主体性的**真实**结构的问题——仿佛我们**在万物的天性中发现了**一种深渊式的“要么全有要么全无”的断裂，（可以说）一边是理性的动物性或理性的主体性，即**人类的真相**，另一边是非理性的动物性或非理性的主体性（它也许是某种主体性或某种原主体性——或者根本算不上主体性），即**动物的真相**。

我认为，若要拆解经典人文主义非延续论和现代生物主义延续论的跷跷板，这种反认知主义的、历史-建构主义的观念是关键的假设。我们发现，德里达文本肯定的正是这种思路。

在人类的真相之外

反认知主义声称，如威金斯所言，“我们作为一个物种从未（如我们所说）发现或证实”人类生命具有特殊意义的想法。因此，这种想法也不是一个等待用更好的自然理论来纠正的错误。事实上，这里所讨论的话题是一种进程（“无约束创造性进程”）的结果，达尔文认为，这种进程与自然历史中原生性的**自然**选择

的力量形成了鲜明**对照**。当然，与让达尔文着迷的**人工**选择的刻意努力（它体现出强烈的意图性，创造了许多新品种的鸽子）不同，这些创造性进程如威金斯所言（其表述并非没有问题，但可接受）是“逐渐的、无意识的、群体性的”，正是它形成了我们赋予人类独特性的意义所依赖的那个结构。 105

德里达并不怀疑，人类一直以来都用各种方式来标明自己的身份，其中就包括阐发一种人类独特性的观念，无可否认，人与动物的这种区别是人类生活的一个中心观念。而且，他认为，将这些观念看成前科学的神话迷信时代的专利是天真的。事实上，如我们所见，人类逐渐“变得文明”的进步叙事对关于我们的所谓“现代性”的传统看法也至关重要。这也从来不只是一个纯理论的观念。由于它表达了德里达所称的西方现代性的奠基性“神话书写”，它自身在历史上也起到了塑造世界的作用：那些称颂（单一）文明绵延“金线”的人，当然还有那些以上述单一谱系学的名义被拒之门外，无法企及19世纪欧洲人所称的“文明标准”的人，他们的生命都受它影响，打上了它的烙印。

事实上，德里达认为，由于对人类差别所做的种族中心主义阐释，在现代性历史上并且作为现代性历史而发展起来的这种神话书写不仅对人类造成了根本性的真实灾难，对动物也是如此。这个悲剧有两面。**一方面**（动物的那面），德里达根据“内心的声音”宣告，“无人能否认，大约两百年来，[人与动物的关系所发生的改变]一直在以不可计算的速率和水平加速、加剧，再也不知道它正冲向何方”；“无人能否认”在我们的时代正“以**史无前例的**规模”发生的“为了人类福利而奴役动物的现象”。然而，按照德里达的说法，我们今天大多数时候都不肯承认一种在其他情况下我们内心的声音觉得无法容忍的罪行——尤其是当我们不是与“笼统意义上的动物”发生关联，而是强烈地感受到**某个具体动物的生命**时。所以虽然当今现代性的一个标志是人
106 与动物关系的改变，但最终

> 无人能严肃地否认，或长时间地否认这一点：人们尽其所能地掩饰这种残忍［奴役动物］的行为，或者掩盖它，欺骗自己，以便在全球范围内让人类普遍忘记或误解这种堪比最残酷的种族灭绝的暴行（针对动物同样有种族灭绝：因为人类而濒临灭绝的物种多得令人震惊）。

这还不只是逼迫某些物种灭亡的问题。另外一些物种在“可怖”的环境中，延续着“几乎永远无法终止的生存”，忍受“工业化的……生产、繁殖和屠杀”。

另一方面（人的这面），在上文提到的人类强烈感受到动物他者的情境中，这种掩饰和撇清无人能够否认的罪责的行为，显然也透露了现代人性的特点。说人与动物之间存在一种深渊般的区别，其实是表达了我们赋予人这个概念的特殊意义，如果说它是错误，那么它和哀叹失去一位朋友是同一类错误。但是无人能够否认，或长时间地否认，这种深渊般的区别有一个可穿越的边界。我们借以表达人类关系的概念，那些标明了一种关于人类的极度**非生物**观念的概念——诸如朋友关系、伙伴关系、伴侣关系的概念——全然不是“仅仅为了人类的使用”而被选中。相反，如科拉·戴蒙德所言，我们借以表达人类这种非生物意义

的概念具有独特的“可变性”；它们很容易迁移，并且径直跨越人类/动物的边界迁移。用德里达的语汇说，这些概念的**可复现性**体现了一种本质的**可复现-可变性**（姑且如此形容）[①]。例如，当我们哀叹失去……一位朋友。

德里达在分析书写时求助于可复现性而不是可重复性的概念，其实已经试图在概念的同一性内部为迁移和差异留出空 107
间了。事实上，该分析明确希望利用拉丁语词根iter（意为“再次”）与梵语词根itara（意为“其他”）的词源学关联（较大可能存在）来发明一种表述方式，以体现出重复与他性的关系、保持相同与倾向改变的关系。所以，在任何出现德里达所重新定义的“书写”的地方，某种“可变性”就已经在发生作用了。然而，在我们现在所讨论的这类情形中，不是某个新的独特回应重新或再次保留了某种本质上可复现的记号，而是我们对人类的典型回应延伸到了人类**之外**。既然我们的确是如此回应，这就暗示在有些场合我们希望**抹掉**人类独特性的想法。这样的想法极具诱惑力（例如，或许我们想声言或呼吁“我们都是同样意义上的动物”），但是德里达和戴蒙德一样，明显抵抗这种认识。人类独特性的想法以可复现-可变的形式延伸到人类之外时，它不仅**没有**被抹掉，反而得到了肯定。我们倾向于想象，在通往一位他者的道路被彻底阻断时，当我们失去对其他动物的强烈感受并且不知说什么或做什么的时候，人类独特性的想法应该最明显地发挥作用。但是，我们的回应所具备的可复现-可变性也可以催生某种完全不同的东西。人类独特性的想法并不是在通

① 可复现-可变性（iteralability）是合并了可复现性（iterability）和可变性（lability）杜撰出来的词。

往一位他者动物的道路被关闭时[1]，而是在**我们仍能发现它**的各种方式中（这一点很诡异），最强烈地、最有创造力地表现出来。德里达说，沿着印有种种可复现-可变记号的我们生命的多重路径，人与动物的区别“不再构成一条连续不断的线”，而是“多条内部有断裂的线”。

“不要像动物那样。”我们说。“他者”对我有所要求[2]，它看着我，在它的凝视中我看见了道德的期许——这个“他者”的眼睛或许不总是人类的眼睛：“不要像动物那样。”（他者，或许是看着
108 我的他者动物）召唤我做人，从而也召唤我尊重而不是削弱每一位他者的他性。当人以野兽的态度对待野兽（然而它们恰恰永远不可以用野兽的态度对待）时，他就没能对做人的召唤做出回应。

所以，实情并不是我们形成了关于人类的一个非生物学的观念（通过形而上学洞见、宗教启示或别的途径），然后它又可以与其他生物纯粹生物式的生活相对照。我们也不应以为，“我们都是同样意义上的动物”。毋宁说，**关于动物我们也有一种非生物学的观念**。例如，当我们谈论动物和其他生物时，当我们说可以看见它们**看我们**时，和关于人类的观念相似，我们并不是把它们看成“生物学意义上的动物”或者“具备生物式生命的某物”。我们或许可以将这种回应称为“同伴-生物的回应”，它意味着将专属于我们对人类的回应的思考模式和行为模式——因此它们最深刻地专属于我们的人类独特性观念——延伸到动物身上，而且这样做的方式多种多样，非常复杂。慈善、正义之类

① 这里the other animal中的other不是指两个动物中的另外一个，而是强调其迥异的性质，所以整个短语译成“他者动物”。

② “不要像动物那样”对应的原文Be other than an animal中的other是形容词，“他者”对应的原文the other则名词化了，两个other之间存在关联，但中文难以体现。

的观念显然在里面，单个生命的独特性以及与尊重该生命相关的观念（尤其是同情、怜悯、感激、愧疚）也牵连其中。

然而，在当今的时代，某种整日谈论人类独特性的生命形式似乎越来越坦然地亵渎这种同情与怜悯（我们正是借助这样的情感，以那种独特性的名义接受召唤，寻找通向动物的路径），因此，那种滑过边界的召唤越来越容易沦为一种纯粹煽情的错误。但是，一个人像德里达那样，把自己的话视为“内心的声音”，并且希望（举例来说）标明**一只具体的猫**不可替换的独特性，这种行为不是一种错误，需要通过正确领悟一种根本性的、独特的“人类真相”来加以匡正。这样的声音也不需要天真地拒绝理会诸如某个动物属于何属何种的客观事实。相反，它径直向我们展示，那套
可复现–可变的话语如何现实地进入我们的生活，如戴蒙德所言，109
它让我们看到“拥有这套话语的生命形式是什么形状，长着怎样的‘脸’”。确切地说，这张“脸”所属的生命形式已发生了改变，改变它的是德里达所强调的在当今现代生活中无处不在的“以**史无前例**的规模”“奴役动物”的现象。的确，如威金斯所分析，工厂化耕作、密集型饲养、对自然的全面掠夺和无数动物种类的灭绝之所以让许多人不安，部分原因在于，它像镜子告诉我们，现代的男人和女人在某些方面很像一种我们很可能认为与自己“格格不入”的生命形式：也就是说，很像动物，“没有任何非工具性的忧虑[①]，它只对一个很短时间内的世界感兴趣——这个时间就是该动物为了维系自己的生命而需要世界延续的时间”。我们绝不
能忘记，这样一种生命形式**绝不是**未–来的前言。110

① “工具性的忧虑”只针对眼下的问题。

第九章

从头再来

我想让最后这一章尽可能地短，为这本非常短却绝不好懂的德里达读本添一段很短的尾声。

雅克·德里达在下面这段文字里概括了他对读者的担忧和隐含的希望：

> 因为我仍然喜欢坏读者，我能预见到他的不耐烦：我用这个名字来称呼或指责心存恐惧的读者，急于获得确定意义、执意做出决定［为了取消或者说为自己取回意义，他不得不希望提前知道应该期待什么，他希望期待的是已经发生的什么，他希望期待的是（他自己）］的读者。[①]这是**坏行为**，这就是我所知的“坏”的唯一定义，提前决定阅读终点的意义是坏的，预言总是坏的。读者啊，再不肯回溯自己

① 也就是说，这类读者畏惧阅读过程的风险、开放性和不确定性，他们希望阅读到预先确定的意义、与自己信仰和经验相符的意义。对他们而言，阅读不过是强化自己偏见的行为。

的脚步是坏的。

我对德里达的文本怀着无比的感激，因为它曾诱使我并仍在诱使我回溯自己的脚步，并拦截我曾经做过的那些读者[①]。 111

① 意为不让“我”保持原来那些坏的阅读习惯。

索 引

（条目后的数字为原书页码，见本书边码）

A

B

C

D

E

F

G

H

I

J

K

L

M

N

O

P

Q

R

Simon Glendinning

DERRIDA

A Very Short Introduction

To Geoffrey and the angels

Contents

Acknowledgements

I would not have found a way to write this book at all without the patience and encouragement of my students in the European Institute at the London School of Economics and Political Science. Many of them do not have a background in philosophy, and Derrida is almost invariably a known unknown. The courage they show stepping into such uncharted waters makes teaching a perfect pleasure, and I would like to thank them for their enthusiastic participation, their interest – and their ideas.

Various people whose scholarship on Derrida I admire enormously have read or heard drafts of parts of this text as lectures or seminars, and I am particularly grateful to Geoffrey Bennington, John Cottingham, Robert Eaglestone, Marian Hobson, Peggy Kamuf, Oisín Keohane, Stephen Mulhall, Antonia Pont, Jack Reynolds, Nicholas Royle, and Henry Staten for comments and discussions. I would also like to thank the publisher's readers who read the first draft, and saved me from numerous errors and misunderstandings.

Finally, I would like to thank two of the editors at Oxford University Press, Emma Marchant and Peter Momtchiloff, who guided this ship home when, really, it could have gone anywhere.

Simon Glendinning
London, 2011

Chapter 1
A picture of Derrida

> Who is more faithful to reason's call, who hears it with a keener ear . . . the one who offers questions in return and tries to think through the possibility of that summons, or the one who does not want to hear any question about the reason of reason?
>
> Jacques Derrida

Jacques Derrida, father of the philosophical movement of deconstruction, was born at his family's holiday home in the small but busy town of El-Biar, near Algiers, Algeria, in . . . but wait, hang on.

We can come back to that conventional starting point in the life of the philosopher, that starting point without which nothing would have taken place at all. But the philosopher we are concerned with in this book wanted us to get on without paying much attention to that kind of starting point, without paying that kind of attention to the figure of the author, the supposedly creative origin behind the work.

One might find it ironic that a thinker so cautious about the appeal to a proper name, and 'the real life of these existences "of flesh and bone"' spent most of his days devoted to reading and discussing work by very singular figures within, especially, the history of philosophy: Plato, Aristotle, St Augustine, Montaigne,

Descartes, Leibniz, Rousseau, Kant, Hegel, Nietzsche, Marx, Husserl, Heidegger, Levinas, and many more. 'So-and-so's text' is one of the most common points of departure and springboards for his thinking. Some have thought that this is characteristic of a more general trend in philosophy: what has been called 'Continental philosophy' is often described as concerned primarily with proper names, in contrast to analytic philosophy's interest in problems. However, one would not have to dig very far into 'Derrida's text' to find such a construal called into question. For example, in one of Derrida's early and most important books, *Of Grammatology*, he insists that 'the indicative value' that he attributes to 'the names of authors' or the 'doctrines' associated with those names (Platonism, Cartesianism, Rousseauism, and so on) is 'the name of a problem'. The problem here is that it is naive to think of the author's names as designating *either* an 'origin' or 'cause' of the historical displacements and structures that are visible within the history of metaphysics *or* as 'simple *effects* of structure'. And the difficulty is multiplied because the texts he wants to read from the history of philosophy are themselves elaborated within the premises of this naivety. The idea of a contrast between the agency of great authors and movements, on the one hand, and determining historical structures, on the other, belongs at the heart of the metaphysics that he wants to question.

We will see later on how Derrida attempts to find a way of dealing with this problem, or at least of effectively working, albeit provisionally, with the conceptuality he is also questioning. For the moment, I just want to highlight a certain caution within 'Derrida's text' expressed towards any simple way of thinking through what we are to understand by that phrase, and that part of the non-simplicity here concerns the status of the author as the creative origin of a text or movement or historical formation.

Not that we can or should abandon such a concept. It is not as if we have another that might be more fitting. So practising this caution effectively has to negotiate with naivety. We have to accept saying that, for example, Jacques Derrida is the father of the philosophical movement of deconstruction and was born at a certain time and in a certain place. But we must also be ready to let 'Derrida's text' teach us that we should not rely too naively on the concepts through which we habitually understand such apparently simple sayings.

In short, any effort to engage with the biography of Jacques Derrida would have to take into account that the person whose life is the object of its study had a lot to say about the biographical genre, and, in fact, regularly insisted that, especially with respect to the lives of philosophers, there is very little value in the idea of seeking an accounting of 'so-and-so's text' by thinking one can simply refer to what went on in 'the real life of these existences "of flesh and bone"'.

Of course, Jacques Derrida did have flesh and bone. If you never saw him in person you can still see lots of photographs of him online, and there is a very fine portrait of him at the end of this chapter that I will come back to. Supposing that you now take the opportunity to look at some of these photographs, then you will, in each case, be looking at an image – a captured visual record of a now-past 'now' in someone's life – of a person who is now actually dead (and I can be sure of this whatever 'now' it is for you now). Although images like these can, nowadays, be created and sent almost instantaneously, the moment of delay necessarily involved, however brief, is always long enough to make it so that the *possibility* of such an actuality – the possibility that you are looking at a photograph of a now *actually* dead person – belongs to every photograph of a person that will ever be taken. This possibility will also always be an opportunity for a certain species of literary pathos. The philosopher Cora Diamond brings this out in her reflections on Ted Hughes's poem 'Six Young Men':

> The speaker in the poem looks at a photo of six smiling young men, seated in a familiar spot . . . The men are profoundly, fully alive,

> one bashfully lowering his eyes, one chewing a piece of grass, one is 'ridiculous with cocky pride'. Within six months of the picture having being taken all six were dead.

Another philosopher, John McDowell, countered that the 'sense of dislocation' that Diamond evokes with this description did not require the sudden interruption of young life and, indeed, 'could have been voiced if the young men had died peacefully after long and fulfilling lives'. I think Derrida would want to add to this that such a sense of dislocation does not even have to wait for their actual death. The *possibility* of a person's death, the possibility that I might be sure, from now on, for every now on, that you are looking at a picture of a dead person, the possibility of the 'absolutely gone' of a flesh-and-bone existence, haunts the picture, haunts the photograph, haunts every captured moment of a life.

So we have a worry with a naive emphasis on the author figure, as the creative origin of a work. We have, in addition, what one might call the 'death effect' of a photograph of a living thing or person. Jacques Derrida, the man captured in middle age in the photo at the end of this chapter, took both of these worries very seriously. However, one thing you might find it harder to read in photographs of this man, a third issue we might bring up around photographs of the author figure Jacques Derrida, is that he was personally uncomfortable with his looks, and so didn't much like seeing pictures of himself. This anxiety is perhaps harder to fathom since, as the photographs pretty clearly show, Jacques Derrida was a very good-looking man, at least an unusually good-looking philosopher. And he dressed well too: crisp shirts and well-cut suits. With his lively brown eyes and dark skin accentuating a shock of silver-white hair, Jacques Derrida stood out in the crowds in which he moved.

Perhaps aware of his good looks, but not happy to be thus aware, the philosopher Jacques Derrida was not at ease with the way he looked. He would speak of a 'narcissistic horror'.

You might find it interesting and helpful to watch a short interview with Jacques Derrida in which he talks about this horror and the other issues around photographs of Jacques Derrida that I have just introduced. It is on YouTube at http://www.youtube.com/watch?v=4RjLOxrloJ0

The conversation begins with the interviewer noting that until 1979, some ten years after he had achieved considerable fame as the Algerian-born father of deconstruction, Jacques Derrida 'had been very strict with the distribution of [his] image'. Jacques Derrida goes on to say that until 1969, and so before he was really famous, he had completely forbidden all public photographs of himself, in any form, from appearing. He gives his reasons – the reasons I have just run through – characteristically forcefully. He notes first of all that his own work called for the 'defetishization' of the author figure, and that he opposed the contemporary trend of using a 'head-shot' picture of the author in book publicity. For Derrida, as we shall see, a kind of withdrawal, a sort of solitude, is the proper mark of the expression of the one who appears, in a different way, *in their writing*. Jacques Derrida would have liked to have kept things that way. But his growing number of appearances at academic conferences and other public events made it impossible to prevent publication of photographs. His engagements were too public, his writings too well known. He could not control it. And so slowly he let it go. Whether he liked it or not, pictures appeared anyway, and eventually he consented to be photographed. One of the many published photographs of Derrida, one that was used on the back cover of his book *The Truth in Painting*, has been reproduced at the end of this chapter. Take a look at it. I remember seeing that picture while browsing in a bookshop. Seen alongside jacket pictures of other philosophers, the author of this book, the Algerian-born father of deconstruction, Jacques Derrida, looked, well, forgive me, he looked *really* cool.

In the interview, Derrida states that the theoretical (but also social and political) reason for wanting to avoid the ubiquitous use of author head-shots was not the only motivation for not releasing photographs of himself. And then the two further reasons are adduced: his discomfort and anxiety about undergoing the experience of seeing the image of his own good-looking face ('I don't like seeing it. I don't like it.'), and, in addition, 'the death effect' implied in every picture. But in later life, he found that there could be 'something good' too, 'in allowing other people to take what they want'. So that is where we are up to. The man in the picture had learned to let it go. He had learned that he could not control what he made public, and he learned to let go.

Jacques Derrida, father of the philosophical movement of deconstruction, was born at his family's holiday home in the small but busy town of El-Biar, near Algiers, Algeria, on 15 July 1930 to Sephardic Jewish parents. He was named Jackie Derrida, after the actor Jackie Coogan, by his American-film-loving parents. Only when he wanted to cultivate a more serious academic profile did he replace Jackie with the more formal, and French, Jacques. As a young man, he excelled at sport and in his teens he aspired to be a professional footballer. However, by the time he was eighteen he was influenced by Jean-Paul Sartre's role as an intellectual activist, 'a model' he later said 'that I have since judged to be ill-fated and catastrophic, but one I still love. . . '. At this time, Derrida dreamt of teaching and writing literature. But it was philosophy that formed the centre of his studies when he became a boarding student at the Lycée Louis-le-Grand in Paris in his early twenties, and it was philosophy, in one way or another, that came to dominate the rest of his life. He gave his first academic paper to a conference in 1959 and took a teaching post at the Lycée in Le Mans. Despite suffering acute depression at the end of the school year, he managed to get work teaching 'general philosophy of logic' at the Sorbonne while doing research on phenomenology and structuralism. Finally a successful academic career became a realistic hope, and 1967 was his breakthrough year, with three major publications: *Speech and Phenomena* (on Husserl), *Writing and Difference* (a collection of essays), and *Of Grammatology*

Jacques Derrida © Julio Donoso/Sygma/Corbia

(a masterpiece). By 1994, he had become widely regarded as the foremost thinker of his age – indeed, the age itself could be said to have become the age of deconstruction. He died of pancreatic cancer in hospital in Paris on the evening of 8 October 2004. He was 74 years old.

He was loved. He was also reviled, hated, smeared.

Chapter 2
Misunderestimating Derrida

Cambridge

It is hard to describe, let alone explain, quite how violently hostile the reaction to Derrida was, especially in philosophy, or why his work found an equally intense but positive reaction among others in the arts and humanities. But there are reasons for it. First, there is the vertiginous prose style, spinning itself out in multiple directions and at different speeds in ways that challenge even the most generous and well-prepared readers. 'Derrida's text' seems always to hold in reserve lines of thought or strands of argument that, as the reader presses on, pile up in a textual fabric that is experienced as beyond final fathoming. Philosophers priding themselves on the clarity of their thinking despised the obscure difficulty of his work. It seemed to be sheer obscurantism. Add to that the quasi-iconoclastic language, the language of deconstruction; this too seemed to many only to threaten to demolish or corrupt everything worth anything in an intellectual culture that had been cherished by scholars and students in the arts and humanities for hundreds of years. Derrida's view of language seemed to allow that as far as the interpretation of texts is concerned 'anything goes'. Moreover, it seemed to provide a theoretical reference point for anyone who wanted to pay exclusive attention to *non*-canonical texts and literatures, to everything that had hitherto been excluded by the 'hegemonic' authority of texts by Dead White European Men. (You know: Plato, Aristotle, St Augustine, Montaigne, Descartes, Leibniz, Rousseau, Kant, Hegel, Nietzsche, Marx, Husserl, Heidegger, Levinas, and so on. . . .)

On top of all this, or through all of this, Derrida's text touches a nerve. Some things one thinks about are states of affairs in the world, states of affairs with respect to which one can feel very varied and sometimes very violent emotions: happy, sad, angry, frightened, and so on. However, some matters for thinking are closer to home. To put it in the terms of the philosopher Martin Heidegger, they concern not the way the world one is in happens to be, but the way in which one understands one's own being-in-the-world. The angry resistance of conservative sensibilities to (let's call it) a 'political' effort to make changes to the world is nothing compared to the aggressive resistance that can be mustered to (let's call it) an 'ethical' effort to call into question our understanding of the world and the significance of our lives. This distinction between the ethical and the merely political is not really satisfactory. Derrida's text, in any case, does not everywhere respect it. Nevertheless, what I am saying is that his text invited not merely angry reactions but red-hot aggressive ones. And sometimes the heat all but obscured the light.

For example, they said at the time that it was 'the Derrida affair'. But it was a Cambridge affair, and beyond.

At the meeting of the Cambridge University Congregation in March 1992, an objection to one of the nominations for an honorary degree, the degree of *doctor honoris causa,* was lodged by the audible cry of '*non placet*' ('not content'). A ballot of the Regent House was organized, fly-sheets were circulated and signed. And on a Saturday in the middle of May, over 500 members attended the Senate House to register their opinion, voting by personal signature. The ballot was secret, but as members waited for the result, it mattered where you stood and with whom you stood. Younger fellows were aware that older eyes were watching. It was a Cambridge affair. Yet, as the Regent House was deciding whether to award an honorary degree to Jacques Derrida, it was never simply so, or solely so.

Derrida's nomination for the degree of *doctor honoris causa* – a nomination that, with considerable symbolic significance, did not come from *inside* the Philosophy Faculty – had aroused strong feelings within the University, and the ensuing rumpus attracted wide interest from both the national and international media. Academic opposition to politicians receiving such degrees was rare but at least familiar enough – but to a philosopher? What was all the fuss about? News journalists have a professional duty to address a non-specialist audience, and may have found the dispute hard to pin down or simplify. They may have sought simplicity where there was none. But if they were in a hurry to sort it out and get to the bottom of the thing, they were not alone, and not alone finding themselves wading in thought-treacle. Indeed, one of the central reasons for the 'not content' complaints against Derrida was that it was widely felt that his work massively violated the standards of rigour and clarity that academia should uphold, represent, and publicly honour.

Whatever Derrida's 'deconstructionism' (as opponents liked to call the thing) was, it was capable of being made to represent all that was rotten in our intellectual culture. That is, no doubt, in part its fault. It relates to a fault in Derrida's text. However, as we shall see, it also relates to a fault – a fissure – in the intellectual culture, a fissure into which this fault seemed seamlessly to fall.

The idea of giving an honorary degree to Derrida was, for many, a step too far; honouring the very thing that academics should stand four-square against. Now, when I say that many academics – and indeed many commentators (academic or not) on the intellectual life of our culture – felt strongly that Derrida was not the sort of person who ought to receive an academic honour, I do not want to make this sound like they thought his work was wrong or confused or mistaken on fundamental points or objectionable for some other run-of-the-mill academic reason. No, they did not merely have objections to Derrida's work – they were *infuriated* by it, and protectively *incensed* by its dubious appeal to bright young minds. As the self-authorized champions of the classical heritage, the comparison will only grate those involved, but the aggressive denunciations and hostility directed at Derrida's work surely offers a contemporary glimpse into the frame of mind that led to Socrates being tried and convicted by the courts of democratic Athens on a charge of corrupting the youth and disbelieving in the ancestral gods.

I am among those whose youth – and beyond – was 'corrupted' by Derrida. So for me, what I see in the Cambridge affair (and the numerous cases like it that plagued Derrida's career) was not a display of academic integrity and intellectual honesty but academics ('*certain academics*' as Derrida typically carefully, fairly, but nevertheless pointedly stressed later) who dramatically violated the very standards of academic responsibility they sought to uphold and represent, and in whose name the '*non placet*' had been made in the first place.

While the intensity of aggressive opposition to Derrida was, in our time, unrivalled, the terms of criticism ranged against him were by no means new. Indeed, for the *non placeters* 'the Derrida affair' was playing out, in an admittedly extreme case, a familiar drama of British letters in its relation to 'Continental' contacts. As one Cambridge academic, Nicholas Denyer, put it, for Derrida's opponents the case with Derrida was ultimately to be understood as yet another example where a French thinker was being 'acclaimed by many British intellectuals in spite of reservations among their philosophically educated compatriots'. While Denyer's image of a 'fissure' within the British intellectual culture is apt, it is, I think, secondary to and largely explained by the fact that the same image informs the picture of the contemporary *philosophical* culture in general, a fissure which Denyer's observation implicitly affirms. For one might turn the tables to emphasize that those 'British' (or more precisely 'analytic') philosophers who opposed Derrida were not the first roundly to condemn the work of their 'Continental' colleagues, and in remarkably similar terms.

The template for the Cambridge criticism was thus well prepared for in the assumption of a wide gulf between 'analytic' and 'Continental' philosophy. So, however personal and personally offensive they may have seemed, the fly-sheet's condemnations – that, for example, Derrida's work could 'deprive the mind of its defences' and 'undermine the fundamental grounds which provide . . . for intellectual inquiry' – were, despite Derrida's singular notoriety, not really unique to the case. In what is actually far too common a trait to be dismissed as an occasional shortcoming on the part of the 'analytic' critics of what is called 'Continental' philosophy, a litany of charges were brought against Derrida *without citing a single supporting quote or reference* to his work. Now, *if* they were justified, these charges would seriously question the University's wisdom in conferring a degree on Derrida of any sort. *If* it was right to call his work 'stupid and ridiculous' or 'degenerate' in virtue of 'its contempt for argumentative rigour' and its 'barbarous neologisms and idiotic word-play', then, of course, it would be understandable if one despaired of one's supposedly intelligent colleagues and their 'appetite for known falsehood', and the '*non placet*' should have been cheered to the rafters of the Senate House.

But there was good reason why the *non placeters* did not quote from Derrida's work. There was good reason why the standards of scholarship and rigour they were claiming to defend were not, in this case, brought to bear. For, for all its risks and difficulties (and these are so considerable it is more than a little daunting even to think about writing a short – or long – introduction to his work), his opponents' *anxious scruples* are, I believe, *misunderstandings*.

And the fault lines in Derrida's text that lend his opponents' claims a ring of plausibility open up where the attempt is made by Derrida to make enigmatic certain habitual patterns of thinking, thought-programmes, that he regards as internal to philosophy, at least as it has typically been elaborated hitherto. It gives the impression that he denies something, something known to be true.

The Cambridge affair, which cannot be cleanly isolated from a dossier of other affairs before and since, soon spread beyond Cambridge, and beyond merely 'British' philosophical assessments. A letter was sent to *The Times*, signed by 19 analytic philosophers outside the UK, including the leading American analytic philosopher W. V. O. Quine. It repeated many of the charges of the *non placeters*. It also repeated the basic dereliction of scholarly duty: not a sentence was cited, no references were made, no analyses of argument or lines of criticism from Derrida's 'voluminous writings' were pursued. Two words in the letter *were* placed between quotation marks, implicitly suggesting Derrida as their source: it was claimed that Derrida's writings 'seem to consist in no small part of elaborate jokes and puns ("logical phallusies" and the like)', but as Derrida himself emphasized, this is a phrase which he has '*never* written'. Is it not a very serious deception to pass off as the work of a charlatan what is, in fact, specious invention?

As I have indicated, Derrida is not the first 'Continental' philosopher to have found himself on the receiving end of this kind of attack. Nevertheless, not only was the Cambridge affair over a degree of *doctor honoris causa* a particularly clear case of British (or more generally Anglophone) hostility to what it came to call 'Continental philosophy', but also a sadly typical example of the sort of violent attack that Derrida was to receive throughout his career. Indeed, while Derrida would regularly get caught up in wars of one kind or another against 'Continental philosophy' or 'postmodernism' or 'French theory' or 'poststructuralism', and many other more or less vague and unhelpful appellations giving rise to references to 'Derrida and his ilk' or 'Derrida et al.', placing him amongst a company of like-minded troublemakers who were out to destroy Western civilization, and while he was often dragged in as a good representative of everything bad – he was also regularly singled out. He was the worst. (In 1999, he was voted the most overrated philosopher of all time.) There was, and still is in some quarters, a special kind of Derrida-text-effect, an allergic reaction against his name and work that brings out the most aggressive and ill-humoured reactions from academics, from journalists, from Britain, from America, from France too, and Germany – everywhere. Derrida, *bête noire*, peddler of fraudulent obscurantist rubbish, a danger to young impressionable minds. Young people keen to follow the most 'radical' thinkers, keen to stand apart from the herd, were wasting their youthful energies on Derrida's relativist, obscurantist, onanist texts.

For myself, I would be proud to be considered his ilk. And for Derrida's supporters in Cambridge in 1992, there was a happy ending to the affair. The Regent House vote went with the nomination, and later that year he was duly awarded the degree.

One of the most evident faults in Derrida's text is around the name 'philosophy' itself. Like the German thinker Martin Heidegger, whose texts were perhaps his most continuous reference, Derrida did not suppose his work to be bringing traditional philosophy to an end. Rather, something like an interminable task of thinking 'after philosophy' is brought into view in his work; a task that would open the philosophical heritage (which will have typically presented itself as heading towards an *end*) to its own 'beyond'. If we were to give the title 'philosophy' to Derrida's texts, this, on the one hand, seems appropriate, since most of his work is dedicated to inhabiting, in a new way, the philosophical heritage. On the other hand, conferring this title is also an inappropriate gesture. As we shall see, the ambition in Derrida's text is to give philosophy a future, but this is not the future that philosophy will have typically given itself (viz. the triumphant achievement of complete conceptual clarity), and so is perhaps best understood, as Ludwig Wittgenstein once proposed for his work, 'as one of the heirs of the subject which used to be called philosophy'.

On one occasion, Derrida introduced himself in the following, I believe extremely helpful, terms: 'I am by profession a philosopher, a teacher of philosophy. But I am not a philosopher through and through.' As a matter of fact, Derrida did not think that anyone could be a philosopher 'through and through', a philosopher who is in every part a philosopher. So when he says he is not a philosopher through and through, this does not single him out; it makes him like the rest. However, Derrida's 'but' indicates that he wants to mark a departure from what one might think when one thinks about those who are, by profession, philosophers. What philosophers might think is that they really are philosophers through and through. Their work is, in every sense, and throughout, *properly disciplined*. And on this point, there will be some measure of agreement with Derrida by philosophers who think they know what philosophy is and how to do it in a properly and thoroughly disciplined way. He is not sufficiently philosophical. In particular, his work is at odds with a properly philosophical conception of what it is for philosophical writing to be well shaped and disciplined. Indeed, he may even be an exemplary case of such indiscipline, a model for no one to follow. (Despite, or even in view of, the indignity of such an insult, I am not sure that Derrida would have to refuse this title. Like Kierkegaard and Wittgenstein, thinkers who knew that there would be effects of repetition as a result of their work, Derrida did not seek to spare other people the trouble of thinking.)

The objection to Derrida's work on the grounds of its indiscipline is not just an objection to its style. On the contrary, since one's *way of writing philosophy* cannot be independent of what one understands *doing philosophy properly* to be, it expresses a concern that Derrida does not (even) begin properly, does not pursue the writing of philosophy sufficiently philosophically. It's not that it goes wrong. Indeed, the reason why it is appropriate to speak of objections as scruples is that deconstruction is regarded as ethically questionable, and so dubious to pursue; it's the wrong kind of thing altogether, wrong, as it were, through and through. So Derrida's philosophical critics think they know what (well-shaped and disciplined) philosophical writing should look like, and respond aggressively to writing which, quite precisely, regards the place and manner of its own commencement as a genuine question. Perhaps one can affirm this only when one comes to take very seriously that no text can be philosophical through and through, and that the aspiration to achieve a kind of philosophical purity or complete conceptual clarity is questionable – and questionable from within a text which wants to be a legitimate heir to the subject that used to be called 'philosophy', even if an heir for which concepts such as 'legitimate heir' are no longer something that can be taken for granted – indeed, even if for an inheritance for which the very structure of inheritance cannot be taken for granted.

It is a question of having to write philosophy in the condition in which writing philosophy has itself become a philosophical problem.

In the interview on photography that I introduced in the opening chapter, Derrida contrasts the foregrounding, or 'fetishization', of the author figure with what he wanted to understand as central to writing: 'writing', he says, 'means to withdraw oneself'. This gesture is, in fact, deeply traditional in philosophy, and is certainly central to the kind of inheritance of Descartes' philosophy that characterized the two thinkers with whom Derrida first engaged as a young academic, Edmund Husserl and Martin Heidegger. Husserl, for example, describes the condition of 'all modern philosophy' like this:

> All modern philosophy originates in the Cartesian *Meditations* . . . This historical proposition means that every genuine beginning of philosophy issues from meditations, from solitary self-reflection.

> Autonomous philosophy . . . comes into being in the solitary, radical taking responsibility for himself on the part of the philosopher. Through isolation and meditation alone does a philosopher come into being, does philosophy begin in him.

One might object that Husserl's formulation gives an overly individualistic construal of the condition of writing it aims to describe: the condition is one which seems to call for heroically creative acts *ex nihilo*. Nevertheless, there is, I think, an important and quite general truth in the picture of radical isolation presented in Husserl's description. It is that, even for those who today find certain ways of going on (Derrida's for example) departing from all philosophical propriety, even for those who find that the resources of philosophical writing typically available to them 'present themselves so strongly', as the British philosopher Bernard Williams puts it, 'as the responsible way of going on', the condition of inheritance in philosophy involves, for everyone and for each equally, an irrecusable responsibility. My being-an-heir to the subject that has been called 'philosophy' can never be reduced to the passive reception of something simply available (a given which presents itself strongly), and even those who endorse the currently dominant 'resources' do not do so, cannot do so, in utter ignorance of the fact that philosophy does not have one legitimate heir only. In question, then, is not the passive acquisition of a forceful fragment of what is typically available, but relatively confident acts of endorsement, what one might call the 'countersigning' of a particular way of going on. And the moment of such a countersignature is, I am suggesting, essentially a moment in which (even if one has numbers on one's side) one is on one's own.

Derrida wanted to be able to do what he could to withdraw best, to assume a certain solitude. The 'isolation' of the philosopher insisted upon here might seem to exclude anything like a communal character of philosophy. But that is not so. Rather, it specifies the nature of that community as, precisely, an *ethical* one, that is as a community of self-responsible singularities, a community without the common, a community, as Derrida came to put it, without community. Moreover, the idea of specifying writing in terms of a withdrawal from a certain publicness – the contemporary publicity set-up with its distinctive forms of visibility and associated media criteria of what counts as fit for public broadcast – is not in any case *any* kind of invitation to construe such solitude in terms of an 'egocentric predicament', in terms that is of an 'isolated' or 'worldless' subject, as has become the standard way of construing the lesson of a Cartesian meditation. A *leitmotif* of Derrida's conception of the character of lived existence as 'inscribed habitation' is a conception of our being as 'always already situated habitation'. We are, all of us, in a world already, already as Derrida would say 'in a text' which is immediately 'not private', not one's own alone. Being-in-the-world *is*, as Heidegger puts it, being-with-others. The Cartesian tradition of conceiving subjectivity, personality, and I-hood is constantly called into question in Derrida's work. On that conception, subjectivity is characterized by pure interiority, the purely non-mundane; an inner space of self-present consciousness. On such a view, the presence of others is always an epistemological problem. For Derrida, by contrast, 'the economy of one's own' being-in, the localization of one's own being-there, is a 'scriptural space' that is everywhere run through by an inherited culture and language one does not choose; the most intimate 'being at home with oneself' always already accommodates the trace of the other. And concrete relations to the other – ethics, politics, everyday hospitality – were always alive in Derrida's text too.

It should be clear already that in Derrida's text there is a marked effort to avoid a cult of any proper names, least of all his own, as if an author was a 'subject' present to his text and to what he wrote, the original creative genius at the origin of the texts he signs. Books written these days are often prefaced by long slews of grateful acknowledgements thanking everyone for everything but the errors. But, as we shall see, Derrida's acknowledgements tend to find their place *within* his texts and do not just precede them. For Derrida, acknowledgement of the other becomes of methodological and not merely personal significance. One might compare this to Gilbert Ryle's book *The Concept of Mind*. Although that text is deservedly known for the way it opposes a Cartesian construal of subjectivity, its textuality, in another way, affirms it. Famously it has no footnotes at all and no texts by others are appealed to or cited anywhere (not even Descartes'). Less often recalled is that the book has no acknowledgements either. Ryle states instead that he is 'primarily' trying to 'get some disorders out of my own system', and only 'secondarily' interested in helping others. One might also recall here, Ryle's response at a conference on the topic of 'analytic philosophy' in France in the late 1950s where, upon being asked whether his position was 'strictly in agreement' with 'the programme outlined at the beginning of the century by Russell and refined by Wittgenstein and some others', he vehemently replied: '*I certainly hope not*'. The methodological significance of this remark is important. Despite his resistance to the Cartesian 'myths' of isolated consciousness, on the one hand, and of an uninhabited world, on the other, Ryle's text is constructed with a strong sense of its author as solitary in just the way Derrida resists: as the sole resident, as it were, of an inner fortress.

While Derrida's text is not in form or content marked by a withdrawal to an individual 'subject' conceived as isolated in that condition, he associates the appearance of the writer with a certain mode of disappearance from conventional forms of visibility and publicness. The thought here is that when it comes to getting *oneself* across in one's *singularity*, when it comes to giving one's thoughts the best chance of bearing a stamp of one's own commitments, 'the writer absents himself better, that is expresses himself better as other, addresses himself to the other more effectively than the man of speech'. Jacques Derrida wanted to withdraw from a certain mode of publicness and of the model of the public intellectual, but for reasons we will see in due course, the withdrawal does not disclose the singularity of his being-there as an individual resident of a secure and impenetrable inner fortress, but, rather, as a singular point of confluence, a point of remarkable hospitality to the other, a generous gathering place. Exploiting the derivation of 'in' from archaic German '*innan*', meaning 'to reside', 'to dwell', 'habitation', and which is likely to be comparable to English 'inn', we might attempt to construe 'Derrida's text' in terms of an exemplary mode of being-inn. Not an atom but an hospitable node. And what a node . . .

After you

The points just made about acknowledgement are an illustration of a performative dimension that seems always to mark Derrida's texts; namely, the consistent attempt to respect what the text says in the very way it goes about saying it. However, as is perhaps already evident, this performative consistency can also make Derrida's texts head-spinningly multi-layered, unfathomable, unreadable – and un-introducible. And, as we are beginning to see, readers are divided over whether or not to regard the experienced difficulty of reading Derrida's writings as a positive virtue of their formatting.

One sympathetic reader has suggested that this kind of effect of Derrida's work renders its impact on one as akin to 'something that goes bump in the day'. This is what I meant when, in the opening chapter, I said that Derrida's text touches a nerve, and is why his work has been so prominently marked by responses ranging from the derogatory to the adulatory, why he was both, as he put it, 'excluded *and* favourite'. There is a resistance and an attraction on the part of us all to finding enigmatic what we more commonly find matter of course. In responding to Derrida, one of these reactions tends to come to the fore at the expense of the other. Those who take the line of greatest resistance find him digestible, if digestible at all, only by first re-processing his thought into something more tractable, usually something to the effect that Derrida was a kind of sceptical nihilist who doubts that texts mean anything or who affirms that all statements are of equal value or who thinks that as far as interpretation of meaning is concerned anything goes.

One such reader of Derrida, and a reader who clearly takes the time actually to study Derrida's text, is Gavin Kitching. Following a distinctively Wittgensteinian path of resistance to certain tempting steps in philosophy, Kitching attempts to show that the kind of high-wire textual performances that so delight Derrida's more impressionable readers are the upshot of ground-floor conceptual errancy. It is not a rigorously consistent text but the spiralling into orbit of language that has simply lost touch with itself, language that has lost its connection to our life with language. There is, as a result, Kitching argues, a peculiar emptiness or idleness to Derrida's text. And this is something that can be exposed when we realize that, in the face of the fog that descends when we try to follow its high-wire antics, 'we do not know what to say in response'.

I think that Kitching's effort at making vivid this sense of the 'fog' surrounding Derrida's work inadvertently help us to lift some of it. And since fog has served to isolate many readers from the Derridean continent, this is also a good place to begin a more detailed journey into his writings. The discussion of Kitching's concerns will ultimately conjoin Derrida with Wittgenstein in a way I find congenial, and I hope this might also give Kitching (indeed anyone, me for example) pause for further thinking.

The especially helpful thing about Kitching's discussion is that it presents Derrida in terms which are largely continuous with the public image that grew up around his work. According to Kitching, the central Derridean theoretical 'generalization' is that all 'meaning in language' is inherently *ambiguous* and hence that we can never establish with certainty what a text (for example, what someone says) means. It is this thesis that so undermines the standards of rigour cherished by Derrida's opponents. All efforts to understand a text, to explore and assess claims, to advance truths, all this requires that there is something to be understood, something asserted, something capable of assessment, criticism, appreciation, enjoyment, disagreement, and so on. If, on the other hand, there is no such thing as 'what a text means', if it can always be interpreted in a multitude of different ways, then the scholarly aspiration to understand a text or to achieve some kind of clarity about what it means explodes in a puff of postmodern objections to elites and canons and hegemonies. On such a view, any effects of meaning will either be constituted by subjective meaning-giving acts of a free reader, or (on a more darkly political conception) by the dominant powers that be. In any case, the idea of a pedagogical or scholarly reading of exemplary texts in different genres – the kind of reading practice, whether traditional or critical, that has been cultivated by the humanities – is totally undermined. If all 'meaning in language' is inherently ambiguous, then any understanding we can legitimately aspire to is merely a resigned sense that any attempt to establish legitimacy is just an act of violence of some kind.

To try to show how radically unclear the supposed Derridean 'generalization' is, Kitching brings things down to earth, away from complex theoretical or literary texts, and imagines or recalls text events or speech acts for which he is confident that things are clear: first, an occasion when someone really is unsure what another person means, and, second, in contrast to this, and what he insists is anyway 'more commonly' the case, namely, an occasion when someone is 'absolutely clear' what another person means. In the latter kind of case, Kitching claims, there is 'no ambiguity of meaning there at all' and the listener typically grasps the speaker's meaning 'immediately'.

Kitching supposes then that while some examples seem to speak for Derrida's generalization, others – many, many more others – would seem to speak against it. What remains totally unclear, and this is Kitching's point, is Derrida's generalization itself. It is a 'form of idling language' that, try as one might, one cannot but fail to get one's head round.

I think Kitching is right to suppose that Derrida affirms *something like* a general 'ambiguity of meaning'. We will have to stress the 'something like' qualification, however, since Derrida explicitly *contrasts* the word he uses to characterize the phenomenon at issue, what he calls 'dissemination', with the traditional concept of 'polysemia', the concept of multiple meanings. Nevertheless, the idea that the meaning of an expression is *always susceptible* to 'internal shifting' in different contexts does seem to capture something that, as Kitching puts it, 'Derrida insists' on.

So let us closely examine the example that Kitching gives with respect to which, he conclusively concludes, 'Derrida clearly wrong'. It is a wonderful example, one that Derrida would have wanted to examine at far greater length than I can here.

> I think, for example, of holding the door open for an elderly female colleague and saying 'After you'. She walked through the door ahead of me. She did not say, for example 'After me? I'd be surprised. Nobody's been after me for years.' She got my meaning immediately, but she might not have done. After all, the latter might have been an appropriate, even witty or flirtatious, reply to my words. But on the other hand, no. Such a reply would precisely have been witty because she knew, as I knew, that 'after you' said in that context is an invitation to precede the speaker through the door. No ambiguity of meaning there at all. The 'action context', as it were, clarified all in that case. Derrida clearly wrong.

The example is, I should think, of a fairly common type. The wonderful little text 'After you' is a very everyday machine, and it is clear that Kitching knows how to operate it. In particular, he knows – and his elderly female colleague knows too – that it can be used as 'an invitation to precede the speaker through the door'.

Moreover, in the 'action context' we are presented with, that is exactly how it is used. Kitching knows this little machine well enough to know how it might be wittily taken, in addition, as an abbreviation of 'I'm after you'. And no doubt he could have himself invented a context in which an even more similar-sounding – indeed to the ear indistinguishable – machine could have functioned differently again. For example, in a rather different contextual scenario between two elderly farming colleagues, one might hear a concluding agreement for each one to take 'arf der ewe'. But, as Kitching says, no. In the 'action context' he is imagining, the little machine functions as 'an invitation to precede the speaker through the door'. Other machines might have done that job for him too. He could have said, for example, 'You go first' or 'Do precede me through the door' or 'I invite you to precede me through the door'. In this case, he used the more elegant 'After you', and there was no misunderstanding: 'She got my meaning immediately'. 'Derrida clearly wrong' – right?

Well, no, I don't think so. What I think Kitching's example shows is that Kitching wants to regards *his own concept* of 'understanding a sentence' as *exhausted* by this idea of *knowing how it might be used*. Indeed, according to Kitching, saying 'After you' in this context, *is* nothing over and above 'an invitation to precede the speaker through the door'. That's why it can be so immediately understood. There's nothing else to *get* about it. And I do think Derrida's affirmation of 'dissemination' – which, as the word implies, is meant to suggest the dispersal of the 'seme' as a unit of meaning – challenges that construal. He will want to say there *always* is *something else to get*. And getting at that requires a sensitivity that is not reducible to the know-how of 'knowing how the sentence might be used'. Specifically, it requires a sensitivity to getting *what it is about* that is not given even if the use is given. But can this really be said in Kitching's everyday example? Surely, here there is nothing more to *get* than is given by 'knowing how the sentence might be used'?

To help see what Derrida wants to affirm in the affirmation of 'dissemination', I want to consider the following sentence:

> He held a door open for an elderly female colleague and said 'After you'.

Do I understand this sentence? Surely it would make a difference to my understanding if, in the narrative within which it was laid down, we were told that the elderly female colleague addressed by Kitching was an utterly charmless misanthrope. Or if it transpired that she had just publicly criticized Kitching in a meeting. Or if it transpired that she was really Kitching's fantasy of an elderly female colleague. Or if it transpired that she was Kitching's fantasy of himself as such a female colleague. I am not introducing any ambiguity here. In the sense in which Kitching understands it, there is none. But I think it is clear that each of these variations might lead us to *understand what this sentence is about* differently. Indeed, we can affirm that *and* accept that the expression 'After you' could, in each case, be replaced by another kind of invitation to precede him through the door. What is no longer so clear or obvious, however, is that the one who is addressed here 'immediately understands' the sentence on that account. On the contrary, here as everywhere, even when the use is given, it still makes sense to speak of finding something not yet 'readable' in the sentence, and hence of it remaining still to be read. To sharpen that point, let's imagine a brief continuation of Kitching's scene:

> He held a door open for an elderly female colleague and said 'After you'. After he had said this, he left her as he did the day before.

Are you now so convinced that when he said 'After you', 'she got ⌈this⌉ meaning immediately'? And what about the following continuation?

> He held a door open for an elderly female colleague and said 'After you'. After he had said this, he followed her as he did the day before.

Again, can we affirm that when he said 'After you' to her it is 'absolutely clear' that 'she got [his] meaning immediately'? These are just two paths, and really there are *countless* contexts into which one might graft this little text machine. And in each case, without exploiting any (countable) semantic ambiguity in the sense of the expression (this has nothing to do with ambiguity in the sense of polysemia), we might want to say we understand it *differently*. This is what Derrida means by 'dissemination' and it is not, in Derrida's account, just a (happy or unhappy) fact of linguistic life that we have to put up with and which someone might now and then exploit with an independently specifiable linguistic instrument. On the contrary, as we shall see, this possibility of grafting a textual form into (strictly countless) different contextual chains is, according to Derrida, fundamental to its *being* the textual form it is. In this account, the emphasis is on the openness of the grafted material to expressing something new, something sufficiently singular that it more commonly resists 'immediate understanding'. By contrast, Kitching's approach to someone operating with the words 'After you' is one which would rather construe the scene as 'more commonly' one in which 'I am absolutely clear that you mean this and not that in language and that they meant this and not that in language'. It is a construal which wants to leave nothing in this text to be desired, nothing singular in it *yet to come*.

And in doing so, he passes over that which, in *his own concept* of understanding, he might have sometimes preferred to affirm. One might also note that this is something that Wittgenstein, whose ideas on the use of sentences in his book *Philosophical Investigations* form the background to Kitching's argument, tried to teach us to avoid. As you will see from the following sequence of remarks from that book, I have been pulling Kitching's example towards another Wittgensteinian path already. Indeed, one of the sentences I used in extending Kitching's scene came from Wittgenstein himself, and his theme is precisely whether what we call 'understanding a sentence' is exclusively a matter of knowing how it might be used:

> 'After he had said this, he left her as he did the day before.' –
> Do I understand this sentence? Do I understand it just as I should if I heard it in the course of a narrative? If it were set down in isolation I should say, I don't know what it's about. But all the same I should know how this sentence might be used; I could myself invent a context for it.
>
> (A multitude of familiar paths lead off from these words in every direction.)
>
> We speak of understanding a sentence in the sense in which it can be replaced by another which says the same; but also in the sense in which it cannot be replaced by any other. (Any more than one musical theme can be replaced by another.)
>
> Then has 'understanding' two different meanings here? – I would rather say that these kinds of use of 'understanding' make up its meaning, make up my *concept* of understanding. For I *want* to apply the word 'understanding' to all this.
>
> *Hearing* a word in a particular sense. How queer that there should be such a thing!
>
> Phrased *like this*, emphasized like this, heard in this way, this sentence is the first of a series in which a transition is made to *these* sentences, pictures, actions.
>
> ((A multitude of familiar paths lead off from these words in every direction.))

I have contracted the sequence of remarks somewhat, in part for the sake of brevity. However, I hope there is enough here to engage in a work of reading Kitching's wanting to apply the word 'understanding' to only part of his concept.

I have also contracted the sequence of Wittgenstein's remarks enough to see at a glance the recurrence of *the dissemination-affirming phrase* 'A multitude of familiar paths lead off from these words in every direction'. What is achieved by the repetition of the very same sentence? Does Wittgenstein find it *irreplaceably* fitting? Does it function in the same way in both remarks or make the same point? Why the doubling of parentheses in the second case? Is this just a question of style? I do not raise these questions because I know already how to answer them confidently or authoritatively, but because I don't. And I am drawing attention to Kitching's reductive conception of what is 'more commonly' the case precisely because one would think that his own very long-run effort at coming to terms with Wittgenstein might have itself invited a consideration of this time with a text. Why does he overlook the fact that what he calls his 'Wittgensteinian education' involved reading and reading and reading and reading again the writings of the later Wittgenstein? Kitching describes the 'journey' as 'quasi-autobiographical', a point which he pointedly connects to the fact that the movements of orientation and re-orientation which have marked his journey matter to him sufficiently deeply that he can 'wince' and be 'embarrassed' by the forms of 'thinking and feeling' he formerly accepted. At issue here is precisely not a matter of 'getting the meaning immediately' but a movement in which Kitching developed, changed, and worked over an *understanding* of Wittgenstein's text that was, in his view, frequently 'at least to some degree . . . a *misunderstanding*'. Has the journey of this quasi-autobiographical movement nothing to do with the way the *Philosophical Investigations* is written? And if the objection is that such a text is radically atypical and far from common and that 'more commonly' one is 'absolutely clear' that others 'meant this and not that' by their words, then it would seem to be Kitching himself who is more attracted to what one might call 'metaphysical' construals (let's say of wanting to speak 'absolutely') of what 'more commonly' goes on '*in* language, *in* life, *in* context'.

It is that 'metaphysical' construal of the everydayness of one's life with language that Derrida wants to call into question. Indeed, he clearly invites us to wonder at what we want when we want to define as 'more commonly' the case a reception of the words of an other construed in terms of the concept of an *immediately* grasped meaning. As we shall see in the next chapter, Derrida identifies his 'final intention' in the work undertaken in *Of Grammatology* (but certainly not only there) to be 'to make enigmatic' what one thinks one understands by words like 'immediacy' or 'proximity' or 'presence'. Perhaps especially what we like to think we understand by them immediately.

Chapter 3
Reading the logocentric heritage

At the end of the last chapter, I introduced what Derrida calls the 'final intention' of his groundbreaking work *Of Grammatology*. It is not a matter of wanting to *deny* (or indeed of wanting to *affirm*) the correctness of our naive, normal way of expressing ourselves, but of helping us to find remarkable what he thinks we tend, in philosophy, to find insufficiently so. What he develops in that book is a 'theoretical matrix' that, he hopes, can assist in this task; to open the space for a new way of reading the philosophical heritage, its dominant structures and patterns of thinking, revealing its systematic dependence on (what will now appear to be an insufficiently critical appeal to) concepts like 'immediacy', 'proximity', and 'presence'. Inhabiting the philosophical heritage '*in a certain way*', making inventive and selective use of certain parts of the old structure, Derrida seeks to articulate the movements within it which take it on to another heading; to give it a future.

This point is worth underlining. Derrida, understood by many as a sceptical nihilist, was received with horror by some. Others, however, delighted in the possibility of finding in what was becoming known as 'deconstruction' something like the radical destruction of the European philosophical heritage. In response to this reception, Derrida's text began to insist more expressly that the work of reading being elaborated in the name of deconstruction did not involve a rejection of the heritage:

> I love very much everything that I deconstruct in my own manner; the texts I want to read from the deconstructive point of view are texts I love, with that impulse of identification which is indispensable for reading. They are texts whose future, I think, will not be exhausted for a long time . . . Plato's signature is not yet finished . . . – nor is Nietzsche's, nor is St Augustine's.

Slowly readers began to learn that Derrida did not write in a 'critical fury' against the philosophical heritage, but for the sake of that heritage, out of love for it, concerned above all to forge a future for it – a future for it beyond its own anticipated future.

And yet, as we have seen, the standard misunderstandings of Derrida's text correspond to fault lines within it. His work pushes our current capacity for (self-)understanding to the limits of tolerance, openly resisting every effort to wrap it up in philosophically familiar dress-codes, and thereby resisting 'immediate understanding'. The upshot, to take a term from Roland Barthes, is a text of a profoundly and sometimes frustratingly *writerly* type. This term characterizes kinds of texts which do not conform to a reader's ordinary expectations concerning what well-disciplined writing of a certain type or genre (whether this is a novel or a philosophical text) should look like. The resources already available to us for reading Derrida's text really seem to give us a kind of structural incompetence in coming to terms with what is going on in them, with what they are about.

On the one hand, then, we may unwittingly fall back on inappropriate interpretive keys (scepticism, relativism, nihilism) for reading a philosophical text that is doing something new. So we need to be warned against concluding too quickly that we know what is emerging in the work of reading the philosophical heritage pursued in the name of 'deconstruction'. Our inherited ways of coming to terms with a philosophical text can stand in the way of letting us become better – less standardly awful – readers of Derrida's. Indeed, coming to terms with this extra-ordinary philosophical resource cannot but involve readers learning to find their inherited philosophical resources as an obstacle as well as an interpretive aid in reading them. On the other hand, however, the reader's interpretive task is not utterly hopeless, even if it is never utterly over. A contribution to our heritage which is not content to leave nothing within it to be desired, nothing still to be thought, nothing singular in it *yet to come*, a contribution to the heritage worthy of the name, will itself offer guidance to becoming a reader of that contribution.

So while I am ruefully sure that our finding it hard to make headway in the remarkable textual environments that Derrida has left us is internal to their formation – it is a stubbornly unrevisable feature/fissure in its formation – I am also sure that learning how to endure ongoing struggles of not knowing your way about, of not knowing 'what it really means', and of re-learning what 'wanting to know what it means' might mean, is part of a Derridean education too. In the first part of this chapter, I aim to explore a text in which the pitfalls and the ambitions that lie ahead of the reader might be expected to be most carefully and helpfully anticipated: the preface to Derrida's breakthrough text *Of Grammatology*. In the second part, I will follow the first tentative steps that follow that preface: Derrida's astonishing effort to make visible nothing short of *a new mutation in the history of the world.*

A preface to what remains to come

Of Grammatology begins with a preface, just over a page long. It is quite a traditional preface in that it states without more ado what the author intends to do. Yet that conformity to the norm also makes it engage with a more or less traditional philosophical problem with prefaces, at least since Hegel asked his readers not to take him seriously in his. The supposed problem with prefaces is that the '*prae-fatio*' is a saying-before-hand that is actually written-after-the-fact, after the work, and as standing outside the (real) work of the work, that real work thus being the essential '*prae-fatio*' of writing the preface. Derrida does not dwell on this logic of the preface in the preface to *Of Grammatology*. However, in an over 50-page-long preface to a book published five years later, *Dissemination*, the status of the preface does become an explicit theme, and Derrida's later remarks helpfully preface the earlier apparently more traditional ones:

> The preface announces in the future tense ('this is what you are going to read') the conceptual content or significance of what will already have been written. And thus sufficiently read to be gathered up in its semantic tenor and proposed in advance. From [this] viewpoint, which re-creates an intention-to-say after the fact, the [main] text exists as something written – a past – which, under the false appearance of a present, a hidden omnipotent author (in full mastery of his product) is presenting to the reader as his future. 'Here it is what I wrote, then read, and what I am writing that you are going to read. After which you will again be able to take possession of the preface which in sum you have not yet begun to read, even though, once having read it, you will have already anticipated everything that follows and thus you might just as well dispense with reading the rest.'

The 'pre' of the pre-face makes the future present, a future which is in fact already written and past. One might wonder then whether there can really be a preface to what remains to come that does not render what remains to come everything except, precisely, 'to come'. Perhaps only if what remains to come will have always already resisted an idea of '*complete* gathering up' that a writer of a preface or indeed a writer of a system of philosophy might yearn for.

Of Grammatology begins, as I say, with a short preface. In it, Derrida tells us, very straightforwardly, what we will read and announces 'the guiding intention' of the book. This he then describes in terms of the problematization (or making problematic) of traditional approaches to the 'critical reading' of texts (consequent it later transpires upon considerations surrounding the status of *writing* throughout the history, especially, of philosophy, but we will come back to that), a problematization which will require, he states, a radical adjustment in 'classical' conceptions of the shape of human history. Indeed, it will 'demand that reading should free itself . . . from the classical categories of history'. Although Derrida does not take this to involve the abandonment or rejection of 'classical norms' concerning, for example, periodization in historical research, it will attempt to make problematic or enigmatic the idea of history as unfolding (perhaps in distinct periods, stages, or ages or epochs) as a linear development towards a definite end; an idea that still underlies efforts to chart the historical course that leads to our 'modern' time.

Unlike most today who want to understand what is going on in our 'today', Derrida takes seriously the extent to which our historical understanding is indebted to a distinctively philosophical tradition: a philosophical tradition which conceives human history as a whole as a goal-directed, or 'teleological', movement in stages from a primitive, or 'savage', animal origin towards an ideal, fully human, end of man and end of history to come. Derrida will typically regard this tradition as including all the great metaphysical systems of the Western canon and will claim, somewhat surprisingly I would think, that this conception of history has always been configured by a distinctive interpretation of the history of *writing*. And so Derrida's reflections on what writing is – his new 'grammatological project' – will, in effect, aim to intervene at the very heart of the classical philosophical tradition as he reads it, a tradition that, in his view, still profoundly marks the self-understanding of our 'today'. Derrida's resistance to the linear and teleological norm of classic philosophical history of the world belongs centrally to his effort to open up another heading for philosophy, a not so teleological heading, as we shall see. Going back behind the oppositions through which we have typically understood ourselves for centuries hitherto, Derrida's new 'science of writing' will no longer be dominated by even that most traditionally radical of all period-breakers: 'the opposition of nature and culture, animality and humanity, etc.'. The entire conceptuality through which we have come to understand the entity that we ourselves are – the idea of capital 'M' 'Man' and the idea of a proper 'end of Man' – will be called into question.

The scope of this analysis is unbelievably wide. And yet, it is tempered with a modesty that deserves stressing. Wanting to 'respect classical norms' while at the same time endeavouring inventively to strike a path which will challenge the founding resources of modern Western thought is not something Derrida claims to be able to pursue 'without embarrassing [himself] in the process'. And as I hope to show in the rest of this section, Derrida's work of re-reading the heritage of Western modernity cannot avoid this embarrassment. This is not simply because his work inevitably produces hard-to-bear conceptual fissures and faults in our self-understanding (which it does) but rather because such fissures and faults inevitably multiply and accumulate in a text that can *itself* only be written as a kind of preface to what remains to come. As we shall see, Derrida's engagement with Western modernity has as its guiding light an openness to a 'future world' that cannot be reduced to anything presently live or immediately available in our time (irreducible, for example, to a present anticipation or expectation of a future present). How such a future that remains 'to come' can serve as a *guide* to research pursued 'here and now' is not something that such research will be able unproblematically to articulate in the terms of philosophy's traditional guidance on the relationship between, for example, guidance and light. What guides Derrida is not the light of a vision of a truly human future – a future in which we have *finally* learned how to live – but the impetus or impulse (in the 'here and now') of a commitment, a promise, or a pledge to contrive a 'heading' which does not set its sights on such a final end of Man. As he puts it, 'if there is a categorical imperative, it consists in doing everything for the future to remain open'. I will continue to work towards a clarification of this idea in what follows.

Of Grammatology is divided into two parts. Part I is entitled 'Writing Before the Letter' and 'outlines', as I have said, 'a theoretical matrix'. This grid of connected ideas is intended to serve to justify the effort at a 'rehabilitation of writing' that will provide a lever for a new interpretation or reading of the history of philosophy. Part II is entitled 'Nature, Culture, Writing' and engages with the task of going back behind traditional Western thinking about the history of the world through an analysis of its singular expression in the work of Rousseau.

Part I begins with a short text of just over two pages enigmatically (for me at least) entitled 'Exergue', a text which is led off by the following series of three numbered quotations, forming, Derrida says, 'a triple exergue':

1. The one who will shine in the science of writing will shine like the sun. A scribe (EP, p. 87)

   O Samas (sun-god), by your light you can scan the totality of lands as if they were cuneiform signs (ibid.)

2. These three ways of writing correspond almost exactly to three different stages according to which one can consider men gathered into a nation. The depicting of objects is appropriate to a savage people; signs of words and of propositions, to a barbaric people; and the alphabet to civilised people. J.-J. Rousseau, *Essai sur l'origine des langues*
3. Alphabetic script is in itself and for itself the most intelligent. Hegel, *Enzyklopadie*

The first numbered 'exergue' is formed from two sayings which originate from sources before even classical antiquity. They are sayings of the ancients that Derrida sourced from

L'écriture et la psychologie des peuples (referred to here by Derrida as 'EP') one of the two books that were the focus for a long review essay written in 1965 from which *Of Grammatology* was, in its first part, worked up. Together, these ancient sayings anticipate the project of Derrida's own grammatology (his own 'science of writing') and, since we have just noted a moment of modesty, indicate the frankly astonishing extent of his ambition. The second numbered 'exergue' of the triplet represents a profoundly *ethnocentric* (by which Derrida intends to pick out analyses which affirm a certain superiority of what is called 'Western Man' over every other human group) and *phonocentric* (by which Derrida intends to pick out analyses which affirm a certain priority to what is called 'speech' over what is called 'writing') conception of the history of writing, anticipating what Derrida will present as Rousseau's exemplary position in the 'age' or 'epoch' that he (Derrida) wants to delimit as ours and which we still inhabit. And if we anticipate that the kind of *intelligence* supposedly unique to 'Man' has been determined over and over again in the history of philosophy as the capacity for grasping a *pure order of intelligibility*, or ideal '*logos*', then the third numbered 'exergue', from Hegel, anticipates that the *ethnocentric* and *phonocentric* conception is also *logocentric* (by which Derrida intends to pick out analyses which affirm a certain irreducibility of what are called 'ideal meanings').

Following the triplet of quotations, Derrida tells us what his point is in quoting them, or what they are 'intended . . . to focus attention on'. We need to read the next page very carefully because Derrida spells it out *very* slowly. What the 'triple exergue' announces or is intended to focus attention on is:

(a) '*not only*' a marked *ethnocentricism* connected with the concept of *phonetic* writing

and

(b) '*nor merely*' a marked *logocentrism* which, he claims, constantly controls (and yet is *also* – in a certain way – constantly challenged by)

i) *the concept of writing* in a world where the phoneticization of writing must dissimulate its own history

ii) *the history of metaphysics* which has always assigned the origin of truth in general to the *logos*, and

iii) *the concept of science*

and

(c) '*not only*' announce that a science of writing, grammatology, is showing signs of liberation all over the world

but, with this 'triple exergue', finally,

(d) '*above all*' to suggest that a science of writing runs the risk of never being established as such (there could be for it, for example, no unity of a project, no statement of method, no statement of limits and so on). And that is because the very idea of such a science as one which would liberate us from an age dominated by logocentric patterns of thinking, the very idea of this science 'is meaningful for us' only *within* that age and that domination.

As I have indicated, however, the fact that Derrida had his days in that age too did not stop him attempting to make more or less systematic steps or simply stop him in his theoretical tracks with regard to a new grammatological project. So he concludes with a final (and characteristically cautious)

(e) '*Perhaps*', 'perhaps a patient meditation and painstaking investigation on and around what is still provisionally called writing' may still be a way of being 'faithful to a future world', a future that we cannot anticipate in the present, a future

> beyond every present horizon of anticipation or foresight, but which nevertheless has a kind of *imminence* that 'proclaims itself at present'.

No doubt this future world would be one in which the classic (Western) understanding of the history of the world and the significance of human life no longer dominates (and hence, if Derrida is right, 'the values of sign, word, and writing' will have been 'put into question' too). However, in so far as the 'future world' is precisely *not* a future that we can anticipate within the horizon of the present world, a future world 'beyond the closure of knowledge', one will have to admit that 'for that future world . . . for that which guides our future anterior, there is as yet no exergue'.

The logic of the preface was at work all along. However, with *Of Grammatology* we have a case of a preface-like work that will not have already been pre-faced by the work it prefaces. Perhaps, nevertheless, we can *hope* that this preface-like work *will have been* faithful to that future world. This is Derrida's 'messianic' hope, a messianism *without* a determinate messianism: for this is a hope that hopes precisely for a future world that is no longer dominated by the classic hope for a coming final end. This is the slightly head-spinning idea mentioned earlier of a 'heading' that cannot (and must not) be construed as a heading towards the final 'end of Man'; a telos for 'us' that would not be just one more anthropic telos. Deconstruction, for Derrida, makes its way through an inventive movement towards a future in which the very idea of the movement into the future is conceived in a radically new – and not so teleological – way. Not just a new heading or another heading for Man, but a heading that would be something other than a heading for Man, a heading in which the future remains, precisely, open, to come. The significance (and I mean that in the literal as well as in the evaluative sense of that word) of Derrida's work is thus far from assured since its production is *premised* on a commitment to the future to come 'beyond the closure of knowledge'. Nevertheless, Derrida wagers –

places a bet on himself – that his writings on writing, 'are the wanderings of a way of thinking' that will have been a preface to what remains to come.

In later writings, Derrida calls the 'political' idea encoded in such a messianic hope, the hope 'beyond' Western ethnocentrism *and* anti-ethnocentrism, 'democracy to come'. However, even this (apparently familiar) designation does not really pretend to be able to specify a positive 'destination' of a future to come. As Derrida puts it, what speaks for calling it 'democracy' is a fold within hope itself: the fact that it embodies a commitment, or 'pledge', to 'open out to the future':

> For democracy remains to come; this is its essence *in so far as it remains*: not only will it remain indefinitely perfectible, hence always insufficient and future, but belonging to the time of the promise, it will always remain, in each of its future times to come.

So Derrida is not invoking the idea of the future world as something which guides him as an idea or ideal of a looked-forward-to future present. Nevertheless, he does want his own work to be the expression of a promise or commitment; it belongs to an attempt to act 'here and now' that, as it were, sends itself forward in a way that is future-producing. Hence the 'in so far as it remains' of 'democracy to come' involves an essential reference to something – let's call it deconstruction – that already takes place *now*. What are we to make of this? Without doubt, the temporal torsion implied by this 'now' of 'democracy to come' makes it hard to get hold of.

The difficulty is trying to keep in view that in the 'here and now' of a promise or pledge or commitment to keep the future open, the future to come in a certain way arrives, arrives that is *as* the *now doing everything one can* to keep at bay what would always be a premature triumphal announcement of a *final arrival* – a final end of history – an arrival which would remain premature in any future present. And thus we might say that what Derrida always attempted to produce in any 'here and now' was a philosophical text-event that ought to remain at points essentially beyond the horizon of its own 'here and now'. It is a text that does not want to leave nothing to be desired, that positively welcomes the chance that it will not be consumed in the present or give itself up to an immediate understanding; that the text, and ourselves as readers of this text, remains ahead of us and to come.

I will return to the theme of democracy in Derrida in the penultimate chapter. For now, I want to take from this an indication of what it might mean to speak, as I would want to, of the *virtuosity* evident in Derrida's text.

Interrupting the straight talk which would have virtuosity thought of simply as the awesome 'know-how' of a master, the virtuosity of the Derridean philosophical text-event is a performance from him that cannot be reduced to performance by him; the event 'here and now' exceeds anything one might hope to appropriate as an expression, pure and simple, of '*his* power' or identify without qualification as '*his* performance'. As Derrida puts it in the last book he published during his lifetime, *Rogues*, 'a certain unconditional renunciation of sovereignty is required a priori'.

Interestingly, and I think plausibly, the structure in view here cannot be wholly stabilized in terms of the grammar of voluntary and intentional action. It is intentional all right (through and through), but it is an intentional act that does not exclude within itself (through and through) a 'letting happen' of something unforeseeable, something unanticipatable.

Though I do take Derrida to be a kind of virtuoso in this sense, I do not think he is unique in that regard. Anyone who has found themselves finding the right word or found themselves hitting a ball down a line or into the crowd or into the back of the net knows that even though it all happens through them, in utterly human form, what takes place is inadequately understood solely in terms of the deliberate effort of this 'human-one' to make some 'object-thing' or 'event-moment' happen. It happens, and *in the event* activity and passivity cannot be parsed out or rigorously distributed across the performance. It is both completely deliberate and yet came of itself. This does not mean one has to think of oneself as 'possessed', which would make the event merely a matter of taking something of the intentionality of another *in*; but nor can it be grasped completely as 'expression' either, which would make the event merely a matter of pushing something of one's own *out*. As we are beginning to see, the surprising theme, the theme which evidently surprised Derrida and gets Derrida's text moving, is one that has never been far from our thinking of the heights of human virtuosity: writing.

Chapter 4
The turn to writing

Derrida's special attention to writing as a theme for philosophy takes its point of departure from a gesture of *suspicion* concerning the status of writing that he regards as the 'philosophical movement *par excellence*', a gesture that one finds already in Plato's condemnation of writing in the *Phaedrus*, and hence taking in a heritage stretching back 'at least some twenty centuries'. On the other hand, however, this heritage is not a static order, and within the time of this philosophical movement *par excellence* Derrida identifies a shifting development which ultimately comes to a head when the attention of 'the most diverse researches' finally turned to *language*.

People often talk about a 'linguistic turn' today, meaning that intellectual inquiry in recent times has conceived its problems as fundamentally problems *about* language, or at least problems whose solution is fundamentally *dependent upon* a correct analysis of language. This 'turn' was, in Derrida's view, a very long time coming, and far from breaking with tradition or with metaphysics, it was, he thinks, in its innermost trajectory, its culmination; making visible, he claims, the deep structural configuration of the Western metaphysical tradition, neither completing it nor overcoming it.

Is Derrida part of this linguistic turn? Is his work a moment of it? In view of his emphasis on the need to 'make explicit the experience of language', it would seem that it is. Indeed, Derrida's writings are frequently regarded, and it would seem for good reason, as an extreme example of it. His claims that a work of reading 'cannot legitimately transgress the text towards something other than it', and (more notoriously) that 'there is nothing outside the text', are deeply suggestive of the idea that his work takes the linguistic turn, even outlines a form of linguistic idealism. For Derrida, the 'person writing' and everything that is normally treated as 'the real life of these existences "of flesh and bone"', is not, in his view, something 'beyond or behind' what we usually like to believe we can unproblematically circumscribe as 'so-and-so's text'. On the contrary, he insists that this 'real life' is itself something 'inscribed in a determined textual system'.

So it is all just language then.

If *that* was what Derrida was saying, he might even deserve the denunciations and smears to which he was so regularly treated. He would be guilty of an absurd *inflation* of language. If what Derrida appeals to, in the quotations cited above, as the 'textual system' were indeed a 'linguistic system', we could surely have been done with him long before he died. But it never was that, it most emphatically never was.

To begin to understand a formulation like 'there is nothing outside the text', we have first to acknowledge that the notion of 'the text' at work here does not relate to a system of language but, in a sense of 'writing' that I will explore and clarify in this chapter and the next, to *the structure of writing*. There is a traditional idea that spoken language is prior to writing, and we may feel this naturally ourselves. However, what we find in Derrida is a new way of thinking about this idea that deserves careful attention. For Derrida, language, and all that we think of as belonging to language – words, sentences, signs, speech, writing (in the usual sense), rules, meaning, reference, and so on – are made possible by, are 'opened by', and must ultimately be understood in terms of, the structure of writing (in his new sense): 'writing thus *comprehends* language'.

With this new conception in hand, Derrida's text, far from being part of a distinctively *linguistic* turn in philosophy, is actually striving to work beyond it, precisely to situate it. Indeed, as is emphasized at the start of the opening chapter of *Of Grammatology*, Derrida does not regard the current turn to language as *a methodological must* for a satisfactory and rigorous philosophy, but more like *a historical necessity* within the epoch we still inhabit. Moreover, for Derrida, this is an age whose old conceptuality is in increasing disrepair and which 'seems to be approaching what is really its own *exhaustion*'. As we shall see, with the appearance in various domains of a *graphematic turn* in our time (a turn towards writing) we are, Derrida claims, witnessing nothing less than 'a new mutation in the history of writing, in history as writing':

> However the topic is considered, the *problem of language* has never been simply one problem among others. But never as much as at present has it invaded, as such, the global horizon of the most diverse researches and the most heterogeneous discourses . . . The devaluation of the word 'language' itself, and how, in the very hold it has upon us, it betrays a loose vocabulary, the temptation of a cheap seduction, the passive yielding to fashion, the consciousness of the avant-garde, in other words – ignorance – are evidences of this effect. This inflation of the sign 'language' is the inflation of the sign itself, absolute inflation, inflation itself. Yet, by one of its aspects or shadows, it is itself still a sign: this crisis is also a symptom. It indicates, as if in spite of itself, that a historico-metaphysical epoch must finally determine as language the totality of its problematic horizon. It must do so . . . because . . . language itself is menaced in its very life . . . when it ceases to be self-assured, contained, and guaranteed by the infinite signified which seemed to exceed it.
>
> By a slow movement whose necessity is hardly perceptible, everything that for at least some twenty centuries tended toward,

> and finally succeeded in being gathered under, the name of language is beginning to let itself be transferred to, or at least summarized under the name of, writing.

This vast historical sweep, so confidently laid out in the opening pages to *Of Grammatology*, establishes an orientation from which Derrida's text never wavers. The abrupt hostility to the contemporary inflation of language and the sign, the so-called 'linguistic turn', is distinctive too. The widespread reach of that turn (which is, he suggests, more of a 'straight ahead' than a 'turn' in the historical movement of our heritage) is not regarded as a fertile philosophical advance but as a kind of cultural poverty, a movement which, far from being justified by clearly articulated reasons, is characterized by its 'loose vocabulary', 'cheap seduction', 'fashion', all in all a turn marked more by 'ignorance' than a powerful new theoretical advance. On the other hand, Derrida regards this historical movement in which the linguistic sign is pushed to the fore in so many domains of intellectual culture as itself a kind of sign or symptom: language comes to the centre in this way because everything that seemed solidly to render its status as essentially *un*problematic, everything that had assured us that it (language) *is* what we thought it *should* be; namely, the system of external or sensible signification of an order of pure intelligibility (meaning, ideality), an order traditionally grasped in terms of *the divine word* or *divine logos* (the 'infinite signified') has begun to melt into air.

One might well want to invoke Nietzsche's pronouncement that 'God is dead' to interpret the kind of disenchanting claim that Derrida is making against this enchanted conception of linguistic meaning. But I would rather recommend reading what Derrida has to say about the history of writing (and, indeed, history *as* writing), and his presentation of our time as witnessing the end of a certain idea of 'the book', as a new and powerful way of giving content to that rather heady slogan. Of course, the possibility of making sense of such a massive motif through the seemingly unremarkable and insignificant topic of writing can seem pretty extraordinary. But according to Derrida, there are systematic and irreducible links between, on the one hand, the conception of the sign through which, still today, we generally obtain our understanding of writing and, on the other hand, 'the epoch of Christian creationism . . . when these appropriate the resources of Greek conceptuality'.

Central to this linkage is the classical construal of linguistic signs as the unity of a (worldly) sensible signifier and an (ideal, mental, conceptual) intelligible signified. While this signified need not everywhere be related to the idea of the divine *logos* of a creator God, as the 'pure face of intelligibility' it is still immediately caught up with the idea of the *logos* in general, caught up with the idea of an order of pure intelligibility. And this idea simply cannot be 'innocently separated' from its 'metaphysical-theological roots' in the thought of the divine *logos* which, it is written, is the being-there of God 'in the beginning': ultimately inseparable from the idea of the 'word or face' of God. According to Derrida, then, 'the sign and divinity have the same place and time of birth. The age of the sign is essentially theological.' And, in such an age, *writing*, the very image of the worldly or sensible signifier *essentially* exterior to the *logos* as pure intelligibility, can only find itself 'debased'.

If it is writing and not language that is now beginning to impose itself as the gathering point for thought and research, then the heading of 'Man' may be undergoing an epochal shift: the fundamental structures of human life and history will be conceived otherwise than in terms of the 'Greek conceptuality' of the *zōon logon echon* [the living thing with the capacity for *logos*, fatefully translated into the Latin of the Roman Republic as *animal rationale*] or of the 'Christian creationism' of the theomorphic *ens creatum*. The traditional discourse of human history, the discourse of Man, the rational animal, taking itself home on a linear journey towards his proper end, may be on its last legs.

While Derrida's reassessment of writing is bound up with an effort to liberate our understanding of it from the Greco-Christian or onto-theological system of evaluative assessment in which it still remains, he also recognizes that, in fact, writing has not always been condemned to a kind of fallen secondariness. Within the age of the sign, there is (as one might have suspected) 'good' as well as 'bad' writing. However, what is at issue with such good writing has always been an essentially *figurative* or metaphorical sense of writing again immediately connected with the divine *logos* (especially evident in the premodern idea of 'the book of Nature' that would be 'God's writing'), a sense of writing which precisely *defines* (and note the interesting inversion of the usual order of priority between the figurative and the literal here) the *literal* meaning as a 'merely human' tool in the sensible world: writing as one of Man's technical instruments is the secondary supplement to speech, speech appearing here as the more ethereal (and in so-called 'inner speech', itself fundamentally *non-exterior*) and natural *first* signifier. Worldly writing, what has always been identified as 'the signifier of the signifier', is just a mark, a trace, and has nothing to do with (or can only threaten to contaminate) the pure life and proper development of spirit; it has nothing to do with any good writing that it is the task of literate civilized men to study and learn:

> The good writing has therefore always been *comprehended*. Comprehended as that which had to be comprehended: within a nature or a natural law, created or not, but first thought within an eternal presence. Comprehended, therefore, within a totality, and enveloped in a volume or a book. The idea of the book is the idea of a totality, finite or infinite, of the signifier; this totality of the signifier cannot be a totality, unless a totality constituted by the signified pre-exists it, supervises its inscriptions and its signs, and is independent of it in its ideality . . . If I distinguish the text from the book, I shall say that the destruction of the book, as it is now under way in all domains, denudes the surface of the text.

This motif of the 'end of the book' is not a prediction that libraries will start closing down, but a figure for a situation which we have, in a certain way, always already known is our own but which today is 'in the process of making itself known *as such*'. The classic conception of a *logos*, or good writing, that would be an ideal presence, a pre-existing and occult (that is, hidden) 'realm of spirit' – an order of pure intelligibility in principle graspable by Man as a 'spiritual' being – beyond what is denounced as bad (because wholly worldly and exterior) writing, that conception is, in our today, increasingly unbelievable. 'Man', and the *logos*-centred order through which 'Man' has been understood, is no longer in good shape.

Equally, however, what is in the process of making itself known as such today is that everything that has been situated as *external* to (and hence what has threatened to contaminate) what has been regarded as the life proper to Man (for example, the order of marks, tracks, and traces, concepts non-accidentally connected to – supposedly – 'merely animal' existence) is the very condition of possibility of that life. Indeed, if 'writing' covers the formation of marks and traces in general, then, one might say that 'there is no linguistic sign before writing'. As we shall see in greater detail in the next chapter, the affirmation in Derrida's text of a renewed understanding of 'writing' as both preceding and exceeding 'the letter' (and indeed language in general) is not an affirmation of what is traditionally regarded as bad writing any more than it is an endorsement of its metaphorical other. Derrida's pronouncement of a turn in our time marked by the 'destruction of the book' is, like Nietzsche's pronouncement of 'the death of God', neither a brutal materialism, nor a hopeless nihilism, nor, indeed, despite appearances, an 'atheist critique' of religious belief. Rather, it is an attempt to articulate the movement already underway within our epoch. It is part of an effort to read our time, inviting us to re-think our understanding of the world and the significance of our lives. It invites us to re-look at the movement of the history of philosophy as the logocentric epoch in deconstruction.

On the other hand, the rehabilitation of writing leaves us with no way of giving content to the idea of *criticising* or *critically assessing* anything that does, for a participant, give life a meaning in terms of attaining a "truth" that is already "written" (for example, in some kind of good writing we might intuit or have revealed to us) "outside the text". That kind of reassuring *cognitivism* – the idea that there is something to be *known* in this matter – is not to be had, and never was even when "Western man" lived a life which firmly presumed it was.

This is, without doubt, an extraordinary radicalization and acceleration of the modern, Enlightenment critique of enchanted nature and of the *logos* as pure order of intelligibility. And one can readily see why the authors who Derrida finds most compelling are those who have most powerfully questioned the fundamental transcendentalism, supernaturalism, and the ethnocentrism of Western *logos*-centred thinking – Rousseau, Marx, Nietzsche, Freud, Saussure, Husserl, Heidegger, Levinas, J. L. Austin. Some strange bedfellows here, and each can and will be criticized by Derrida for falling short in some respects, for repeating gestures rooted in the very heritage they also criticize. However, for Derrida, these thinkers do not stand *squarely* within the logocentrism of the Greco-Christian epoch, and their importance resides in the power of their work to call into question its onto-theological roots.

As I have already indicated, this is not to say that Derrida regards himself as one who would want simply to 'reject' these roots. Indeed, we have our being in this heritage and so any putative breakthrough which would hope genuinely to '*criticize* metaphysics radically' must (can only) make (inventive) use of the resources of the heritage we actually inhabit: there is no claim to a critique from outside here. And for Derrida, the fundamental lever of this radical criticism of metaphysics will be provided by the re-evaluation of that seemingly harmless and hitherto hardly philosophically central or philosophically unavoidable concept of writing.

According to Derrida, then, the so-called linguistic turn is not just an event (happy or not) which happened to take place not so long ago. On the contrary, he regards the emergence of the problem of language as belonging profoundly to the history of Western metaphysics in its internal development. However, the movement of that history is also characterized by the ever more radical questioning of and uncertainty regarding the onto-theological presuppositions of traditional Western thought, and Derrida belongs to that general movement of 'enlightenment' too. Nevertheless, what Derrida perceives in the modern focus on language and on the linguistic sign as a two-sided unity of a phonetic signifier and signified meaning, is not fertile ground for further rational and scientific critiques of premodern superstition but an inconspicuous and essentially dogmatic retention of fundamental motifs of the very onto-theological tradition that it typically regards itself as overcoming. The idea of the sign: the most surreptitious and perhaps last stand of the logocentric epoch.

On the basis of a 'theoretical matrix' that presents the age of the sign as everywhere caught up in a metaphysics of *phonetic* writing, Derrida will himself make a stand against the modern inflation of the sign 'language'. And as I have indicated, what he finds most significant, radical, and interesting is not the so-called *linguistic turn* but signs of a growing *graphematic turn* in the historical tide. For some time now, people have said 'language for action, movement, thought, reflection, consciousness, unconsciousness, experience, affectivity etc.'. Today, however, Derrida suggests, 'we tend to say "writing" for all that and more':

> to designate not only the physical gestures of literal pictographic or ideographic inscription, but also the totality of what makes it possible; and also, beyond the signifying face, the signified face itself. And thus we say 'writing' for all that gives rise to an inscription in general, whether it is literal or not and even if what it distributes in space is alien to the order of the voice: cinematography, choreography, of course, but also pictorial, musical, sculptural

> 'writing'. One might also speak of athletic writing, and with even greater certainty of military or political writing in view of the techniques that govern those domains today. All this to describe not only the system of notation secondarily connected with these activities but the essence and content of these activities themselves. It is also in this sense that the contemporary biologist speaks of writing and *pro-gram* in relation to the most elementary processes of information within the living cell. And, finally, whether it has essential limits or not, the entire field covered by the cybernetic program will be the field of writing. If the theory of cybernetics is by itself to oust all metaphysical concepts – including the concepts of soul, of life, of value, of choice, of memory – which until recently served to separate the machine from man, it must conserve the notion of writing, trace, *grammè* [written mark], or *grapheme*, until its own historico-metaphysical character is also exposed.

Supposing this is indeed the way things are going, and it seems to me clear that it is even more obvious than it was in 1967 that 'we tend to say' today writing-related rather than language-related things when we reach for an articulation of deep structures of human life: it is, we tend to say today, in the 'code' of our DNA, written in our genes, traces in the brain, and so on. The metaphors and similes are often biological but they are also often machinic. Today, computer analogies are ubiquitous. Computers 'run' a 'program', and they do so (once programmed) without an assumption of a runner, without a 'who' which is behind the written code, a presence behind or accompanying the unimaginably rapid sequences of 1s and 0s.

Of course, these are pre-theoretical tendencies of our time – and, one might want to insist, to make a computer you still need a programmer who is a who and not a machine. On the other hand, this is the question today: how like a machine, how embedded within programs, within machination, both biological and cultural, is the life of a human being? And does this altogether exclude what we do not want to exclude: responsibility, chance, decision, the unanticipatable event? Derrida thinks not. We will come back to this.

In any case, since it is a pre-theoretical tendency, why should we take the idea of a 'graphematic turn' any more seriously or regard it as more significant than the so-called 'linguistic turn'? Of course, I have already begun to suggest why a graphematic turn may have profound historico-metaphysical implications. But Derrida knows that unless he offers an 'attempt to justify it', his involvement in this turn within the history of (or as) writing, will be guilty of precisely 'giving in to the movement of inflation' which he had denounced so trenchantly in the so-called linguistic turn. So what could possibly justify it? What is it about writing, if anything, which makes it fit to be the gathering point for so many developments taking place today? In the next two chapters, I will outline the way I have come to see the shape of Derrida's argumentative justification for engaging in the graphematic turn, the fundamentals of the 'theoretical matrix' that shape the development of a new grammatological opening in thought.

Chapter 5
Différance

In the age of the sign which we still inhabit, the philosophical ambition of becoming 'completely clear' is conceived as a matter of overcoming difficulties by achieving the *complete disambiguation of what we mean, that is to say, of the signified.* Or, as one might better put it after Derrida, overcoming difficulties through *the reduction of dissemination* (the idea of countless sense-making paths, introduced in Chapter 2) *to polysemia* (the idea of a countable number of distinct senses). The point, the traditional philosopher might want to say, is not the signifier or word, whether written or spoken, but the *meaning* – the *logos* – which we grasp in a flash when we hear and understand a word. And what we grasp here, in grasping a sense, must be something that is, in a fundamental way, single and identifiable: a meaning that *is* one, the traditional philosopher might say, must be a meaning that is *one*.

Derrida's text sets itself the task of thinking the identity in question here without giving in to this urge to reduce dissemination to polysemia, indeed to 'oppose' them. And along with that new task, we find also a change in ambition for an heir to the subject that was called 'philosophy'. The task is no longer to achieve superlative conceptual clarity in the sense of rendering what we mean perfectly transparent in its identity, but rather to learn how to endure reflectively what we already more or less naively endure every day, indeed as our everyday itself; our inhabitation of a fundamentally 'inscriptural space', a text, marked by an irreducible (which is not to say simply unlimited) *play* within identity that Derrida will formalize in terms of a new (but recognizably still French) word '*différance*' (with an a). Philosophy, as the desire to reduce dissemination, takes place as the impossible project to eliminate this play. Commenting on a passage from Aristotle, Derrida offers the following summary of what we might call *the* philosophical conception of language:

> A noun [for Aristotle] is proper when it has but a single sense. Better, it is only in this case that it is properly a noun. Univocity is the essence, or better, the *telos* of language. No philosophy, as such, has ever renounced this Aristotelian ideal. This ideal is philosophy . . . Each time that polysemia is irreducible, when no unity of meaning is even promised to it, one is [according to philosophy] outside language. And consequently outside humanity.

The link between what is proper for language and a conception of what is proper for Man is something I have already touched upon and will take up again in the final chapter of this book. However, it will be helpful to anticipate at this point that the idea according to which we understand the human as 'the speaking being' (in a sense appropriate to the Aristotelian ideal of language), and indeed the *only* such speaking being, is regarded by Derrida as highly problematic. Moreover, the account of language he will provide in turn will enable him strongly to 'contest [the view] that [the conditions of possibility of a language] give rise to a single linear, indivisible, oppositional limit, to a binary opposition between the human and the non-human'. As we shall see, against this kind of binary or oppositional conception he will not affirm a kind of biological 'continuism'. On the contrary, he does not want to deny the specificity or distinctive 'originality' to the structures of life that belong to different living things, including living human beings, at all. However, he does want to insist that these distinctive differences are misconceived if they are construed, as philosophy has always tended to do, such that it is 'always a matter of marking an absolute limit' between human beings and other animals, as if the significance we attach to the idea of the difference between human beings and other animals (a significance Derrida will insist upon and not reduce) was grounded in an appreciation of how things objectively are. Central to such a thought would be the idea that human beings, uniquely, are 'speaking creatures', and that this capacity for language is the mark of a radical break or cut-off point between such a creature and every other (merely or purely) living thing. But Derrida resists the idea that the significance we attach to the idea of the difference between human beings and other animals has this kind of objectivity. As he puts it, 'human language, as original as it might be, does not allow us to "cut" once and for all where we would in general like to cut'. The supposed uniqueness and 'dignity' of the human, if it is to be affirmed at all, will no longer be thinkable in terms of a radical separation from animal life of this kind.

It will bear repeating that Derrida's effort to make problematic the traditional Aristotelian – or let's say simply philosophical – conception of language does not mean that he wants simply to affirm the opposite, that plurivocity or polysemia is the essence, or the *telos*, of language. The intention to oppose polysemia with dissemination does not aim to affirm that everything we say is ambiguous (that every word is characterized by at least two or more meanings), but that polysemia is *irreducible* in the sense that *each and every* 'meaning' is itself subject, as we saw in Chapter 2, to more than one understanding.

Thus, when it comes to thinking about the *identity* of an expression, Derrida does not deny the necessity or propriety of talking about a minimum idealization, the possibility of identifying an expression as *the same again* in a new situation, or in a new context. However, and this will bring us to one of Derrida's most constant themes, he insists that the sorts of *differences* in our understanding of an expression that arise from our sensitivity or receptivity to its interpretative context are not finally separable from the *identity* of the expression that we recognize and know how to use. And it is not that 'understanding an expression' has two different meanings (this would be 'polysemia' again): one capturing, say, 'knowing how it is used' (mastery of the machine), the other 'knowing what it is about' (sensitivity to a context). It is that both these kinds of use of 'understanding' (where we say that what is understood is 'the same' as in some other context, and where we say what is understood is unreplaceably singular and 'different' from other contexts), as Wittgenstein puts it, 'make up my *concept* of understanding'. They are in play on the multitude of paths we take with this word, 'for I *want* to apply the word "understanding" to all this'.

This idea, the thought of a logic of understanding marked by both identity and difference, is complex and worth careful elucidation. In this chapter and the next, I will focus exclusively on what I take to be Derrida's most effective demonstrations and arguments in relation to this theme. Some of this will involve a rather advanced level of discussion, and will be formalizing Derrida's ideas as much as merely introducing them or providing a commentary on them. Nevertheless, given that Derrida has been subject to so much abuse as a thinker, it is important to see how his rehabilitation of writing is supported by step-by-step arguments of various sorts. His work in this area is, in my view, both interesting and compelling, and I want to make an effort to show up the rigour within a text that might otherwise seem wilfully obscure.

Discriminating differences

In Chapter 2, I introduced Derrida's affirmation of dissemination in terms of the non-reducible plurality of *different* understandings of the *same* text. This conception of differences-within-the-same identity is not simply affirmed in Derrida's work, it is thematized, described, and, as far as possible, formalized. In many of his texts, we are invited to understand this feature in terms of what he calls the movement of '*différance*' that marks the structure and functioning of every signifying form. It is his commitment to thinking about all identities in terms of this movement that can make it so difficult to work out what he means. Or, as he puts it himself, it is what he invites us to think in terms of this movement that 'makes the thinking of it uneasy and uncomfortable'.

As a prelude to introducing this idea, and the value of identity-in-*différance* that is developed in Derrida's text, I will first provide a formalized version of why, according to Derrida, we are obliged to go beyond traditional philosophical resources for thinking about the discrimination of the identity of signs; namely, in terms of one or other of two distinctively human receptive faculties, faculties corresponding to the two sides of the sign as classically understood: sensibility and understanding.

The first steps are as follows.

1. Assume that what belongs to sensibility are always perceptions of some present sensory data. (For example, assume that what can be 'heard' is always 'a sound or is composed of sounds or properties of sounds'.)
2. Articulate, meaningful speech is, by definition, something which can be heard.
3. For articulate, meaningful speech to be possible, a language must contain a number of discriminably different 'units' (call them 'phonemes'). People must be able to discriminate different phonemes if speech is to function as such.
4. The *difference* between two phonemes is not itself a sound – not some third sound, not an audible 'something'.
5. Therefore the difference which establishes speech and lets it be heard is inaudible (in every sensory sense of the word).
6. But since meaningful speech is possible, the difference between two phonemes must still be discriminable.
7. Therefore, one ought to reject the idea that such discrimination belongs to sensibility.

What is discriminated when one hears an identifiable phoneme *cannot* be reduced to a sound which is simply present in the present. And hence we need to reject the first premise of the argument: *what is heard* is not reducible to sounds or properties of sounds, something fully present in the present. At this point, Derrida affirms something of the *differential* conception of signs proposed by structuralist linguistics, according to which 'identity can only determine or delimit itself through differential relations to other elements'.

The steps we have just run through capture the part of Derrida's discussion in his essay 'Différance' that relates to a rejection of the assumption that an adequate account of the discrimination of phonemes 'belongs to sensibility' (i.e. can be understood in terms of what is simply given as 'present to the senses'). He then invites the repetition of the same argument for writing. Graphic differences 'can never be sensed as a full term' either. In short, in neither case can we maintain the view that the discrimination of differences which makes possible the apprehension of linguistic signs 'belongs to sensibility'.

In the very next sentence, Derrida goes on to claim that it cannot belong to an order of intelligibility either (i.e. cannot be understood as something discriminated by the understanding as that is construed by philosophy). We cannot conclude, as for example Descartes might have concluded, that what is at issue here is something that is present to, and that is 'seen' or 'heard' by, the mind's eye/ear.

This step in Derrida's argument draws in part from a wider recognition that human understanding has been interpreted, from Greek times, in terms derived from sensibility, or perhaps better, it draws on the fact that from Greek times sensibility and understanding (perception and conception) have been *the* terms through which the principal faculties of human cognition have been interpreted, and *both* are interpreted in terms of the apprehension of something present – in terms, that is, of the same 'logic of presence'. It is this 'logic' that, Derrida is arguing here, the differential structure of signs resists or escapes. And so we can now add to (7) the following parallel conclusion:

8. Therefore, one ought to reject the idea that such discrimination belongs to intelligibility.

At which point, we reach a devastating final dialectical blow:

9. We must let ourselves refer to an order that resists one of the founding oppositions of philosophy.

This order 'is announced', Derrida says, 'in a movement of *différance* . . . which belongs neither to the voice nor to writing in the usual sense'.

The idea of a 'movement of *différance*' is, I think, best understood as working to subvert and replace a tempting and deeply intuitive conception of *identity* and *difference* (with an e), a particular conception of *what makes something what it is and different to another thing*.

Everything has an identity, and this identity is what distinguishes or makes it different from everything else; it is what makes it what it is (a cough, a chair, a cup, a rainbow, a Venetian princess, the King of France, the word 'blue', the meaning of the word 'rogue') and not another thing. How should we understand the logic of identity? Perhaps the most intuitive way of construing identity is in terms of the possession of distinguishing features. However, if the features determine identity then anything will be what it is only so long as it retains these features. The metaphysics of identity thus seems to require that a thing has the identity it does only as long as it *endures in presence* as the same. What makes anything the thing that it is rather than some other thing, what makes it, in some way or other, different from everything that it is not, is its possession of an identity that persists as the same as long as it is the thing that it is. This is a matter of its being as it is by way of *maintaining* its identity. On this view, when we say that something exists or comes into being, the meaning of its 'is' is its remaining or persisting in presence as the same.

Of course, for many things or kinds of thing, 'retaining its identity' is compatible with a certain amount of change. However, if one adheres to the intuitive metaphysics of identity just outlined, one is likely to think that certain changes will simply be too fundamental, and that what once was will no longer be or ceases to be or has become something else if such radical changes take place. One may or may not suppose that there are 'essential' features or 'defining' features, which were a thing to lack them it would necessarily cease to be what it was, but the crucial idea is nevertheless that 'being a such and such' (rather than a something else) must be understood on the basis of some kind of persisting presence. Whether such things are supposed real or ideal is not to the point; what matters is that, when and for as long as it is, *it* must remain present in and of itself as the same.

What persists in its identity in this way can be given one of two interpretations: the identity at issue may be construed as either *intrinsic* or *relational*. On the first construal, it is the presence of certain features that makes a thing the thing that it is: a thing would not continue to be the self-same-thing if *it* (which has them) lost them, or enough of them. On the other hand, on this construal, as far as the identity of anything is concerned, what the rest of the universe is like is more or less irrelevant – there may even be, as a matter of fact, other things which have the self-same features, and then the only distinction between them – if they are indeed different – is quantitative; there is more than one of them persisting in presence.

On the second construal, by contrast, the difference to other things is internal to a thing's identity, so that something is what it is in virtue of its occupying a particular position in a structure of general differentiation: anything that is a specific something or other (rather something else) persists in presence as itself only in terms of the persisting in presence of that structure of general differentiation. Whether this structure is regarded as real or ideal is again not to the point; what matters is that, when and for as long as the structure of differentiation is as it is, *it* remains, as we might put it, present in and of itself as the same.

Derrida's counter-conception of identity is different from both of these, although, as I have already indicated, he shares the emphasis of the second view on the idea that identity is differentially constituted or constructed in a relational way. Derrida's counter-conception, however, is that when it comes to such constructed identities, what makes something what it is and not another thing (what gives it the identity it has) is *not* (merely) a matter of its relationships of difference to *other* things within a general schema or structure of general differentiation but a matter of what he calls a *self-difference*, a *difference to itself.* On this very counter-intuitive counter-conception of identity a certain non-self-sameness is internal to every constructed identity. That is, the 'otherness' that is implied in every identity is not 'the other that it is not' but a certain otherness within itself, *the other in the same*. According to *this new Derridean manner of speaking*, every identity has an irreducibly 'divided identity', is characterized by a 'difference with itself', or an 'originary alienation'.

As I say, this conception endorses something of the idea that identity emerges from a system of differences (with an e). However, what that (let's call it) structuralist construal fails sufficiently to acknowledge is that such systems of differences do not 'fall from the sky' ready-made or fully formed but themselves come to be. Derrida's question is: is the movement through which the system of general differentiation comes to be, itself something that is in some sense *present*? Supposing the existence of such a system is the condition of identity, we might well wonder whether the movement that brings such a system into being is something that can itself appear 'on the stage of presence' as such. One possibility here would be to present or represent this movement as, simply, *the movement of differentiation*. The problem is, however, that this implies a process in which some kind of substantial something or other *gets differentiated*. But the only 'prior' presence in this case is itself a system of differentiation.

The father of structuralist linguistics, Ferdinand de Saussure, had a proposal to deal with this problem that Derrida considers both helpful and ultimately unacceptable. Saussure's proposal is that we can find an origin of differentiation by focusing on the system *in operation*, in *speech*:

> Language is necessary in order for speech to be intelligible and to produce all its effects; but the latter is necessary in order for language to be established; historically, the fact of speech always comes first.

In the essay 'Différance', Derrida provisionally accepts something like this account of language as valid for 'the sign in general', and for every 'code' or 'system of referral in general': what Derrida calls '*différance*' can be understood as the movement through which every sign 'is constituted historically as a weave of differences'. However, he also admits that the account given by Saussure appears to enclose us in a 'circle', and is not in its own terms satisfactory. The replacement of 'speech' by '*différance*' in the Saussurean formula of the 'origin' of the system is an effort to confront this problem.

In Derrida's view, an analysis of language which begins with a radical distinction between the 'system' (Saussure's *langue* as language *qua* system of rules) and the 'event' (Saussure's *parole* as language *qua* event of speech) necessarily deprives itself of the means with which to provide an account of the possibility of the very phenomenon it is claiming to delimit. This is because the impossible combination of both the historical priority and the logical posteriority of speech ruins any attempt to provide an internally consistent account of the conditions of possibility for the phenomenon of language. As Derrida puts it:

> If one rigorously distinguishes *langue* and *parole*, code and message, schema and usage, etc., and if one wishes to do justice to the two postulates thus enunciated, one does not know where to begin, or how something can begin in general, be it language or speech.

The claim here is not that the Saussurean circle is vicious in the sense of being a proof which presupposes that which requires demonstration. Rather, it is a 'chicken and egg' difficulty: 'one does not know where to begin'. Thus, Saussure is not really justified in appealing to the historical priority of speech. For 'speech' (*parole*) must be opposed to mere babble, or mere noise production, and this is possible, on Saussure's account, only if 'language' (*langue*) is present. Hence, as soon as one rigorously distinguishes the system from the event of language, these concepts become 'unreliable' when one is concerned with questions concerning the conditions of the possibility for speech or writing to be understandable, or comprehended in general. And this is Derrida's principal concern.

This point can be made in another way by conceiving the circle in the form of a regress. As we have seen, if one works within the schema of the Saussurean distinction, the system of rules is conceived as fixing the sense of words across variations of context of speech. However, if these rules are acknowledged as having a normative role in the use of signs, then it seems clear that among the 'events of speech' we must be able to identify 'expressions of rules'. However, on the model under examination, if such 'expressions of rules' are to be intelligible, then they must be governed by rules, rules which must, if they are to function as such, be expressible . . . and so on.

Derrida does not think that circularity or regress is inevitable here. Rather, treating it as a *reductio ad absurdum* (a reduction to absurdity) of any attempt to determine the conditions of possibility of the functioning of speech and writing on the basis of a radical system/event or code/message distinction, he concludes that such problems show the necessity of accounting for this functioning in terms which do not begin by splitting things up in this way. If we are to overcome the 'chicken and egg' oscillation, what is needed, therefore, is a way of 'thinking at once both the rule and the event'.

It is for this reason that Derrida eschews recourse to the concept of the code or system of rules in an account of the discrimination of signs, and refers instead to *the movement that produces the system of differences* – the condition of possibility of all lexical and conceptual identities – by the neologism or neographism '*différance*' (with an a).

So the basic effort is an attempt to shift us away from thinking that – whether we are thinking about the discrimination of a 'word' or 'the meaning of a word'– we are concerned with something that might ever be simply or fully 'present in and of itself'. Remember, we are in the zone of a critique of a quite specific metaphysics of identity here, and there is no question of denying that 'elements of signification' – the 'substance' of language, if you like – have some kind of discriminable identity. What is being denied is that this can be construed in terms of the discrimination (by the ear or eye or by the mind's ear or eye) of a persisting presence. That there is some kind of identity at issue is simply undeniable – we say that 'this is *the same* word as that one, it is just badly written', and we say that different people or one person at different times are 'working with *the same* concepts'. However, it is equally clear that identity in these cases always 'defers to its interpretative context'. In other words, it belongs to what is recognized as 'present here and now', that *it* can persist as *the same* in and through 'repetitions' that involve *different* interpretive contexts.

It is with this intertwining of difference-within-identity or the-other-within-the-same that the Derridean idea of an identity that includes a certain 'difference to itself' takes shape. It is just this dimension of *difference-within-identity* that Derrida wants to get into view with his term '*différance*' (with an a). Of course, the French word '*différence*' (with an e) already brings into view the semantic dimension of, precisely, *difference*. Derrida appeals to a second sense belonging to the Latin verb '*differre*' but completely absent from the French '*différence*' that was in fact derived from it; namely, 'the action of putting off' – deferring. The point here is to get a semantic dimension of *sameness* into play as well (and into play *without* a commitment to a deferred *presence*; the only essential thing at issue when someone defers doing something is that instead of doing *x* now, they intend to do *x* later – whether 'doing *x*' can escape the logic of identity-in-différance being elaborated is a further question). French '*différence*' (with an e) does not have this semantic component. Thence the value of a neologism which will compensate for this lack, with a term with greater semantic wealth: 'we provisionally give the name *différance* to this sameness which is not identical'.

Within this new Derridean (French-ish) *manner of speaking*, we can say that it is because there is, in the case of elements of signification, no identity without *différance* (with an a) that we can affirm that, an ordinary *différence* (with an e) is always a *différence* (with an e) between elements whose own identity is always already marked by *différance* (with an a).

Without wishing to encourage the reader to indulge in an embarrassing French (spoken) accent, it is important to note that when you read the previous sentence you should not pronounce *différence* differently to *différance*. Not at all. Don't try to stretch out the 'a' in some kind of absurd pastiche of Franglais, for example. The two words are *intended* to be 'to the ear' perfectly indistinguishable, totally indiscriminable. So *say* them the same. The difference between them is, that is, exclusively 'graphic'.

Of course, the discriminable difference between two graphemes is no more (or, in the end, no less) visual than the discriminable difference between two phonemes is aural. As we have seen, graphic differences 'can never be sensed as a full term' any more than phonetic ones. So why retain this name? There is a very short argument here, and a longer one. The short argument, which we encountered in the last chapter, is nicely presented by Geoffrey Bennington like this:

> Derrida explains that he keeps to the term [writing] because writing was always determined as the signifier of a signifier; that's what he argues all signifiers are, and that's why he retains the term.

In the next chapter, I will outline the longer one, the argument in which the appeal to 'writing' finds its most radical justification: the argument from iterability. As we shall see, this will bring us back to the short argument, or at least to an enriched sense of its significance.

Chapter 6
Iterability

We have now reached what might be called *the first conclusion* of Derrida's text: 'the logic of presence' must be displaced, indeed will always already find itself destined to be displaced by the logic of *différance*. This logic is held to be in some way already known (although not known as such) in the classic philosophical assessment of what we call 'writing'. It is for this reason that a strategic borrowing of this old word occurs in an analysis which gives it a somewhat fresh sense. In this chapter, I will offer a reconstruction of this analysis.

What we might call Derrida's master argument for retaining the word 'writing' purports to show that 'the traits which can be recognized in the classical, narrowly defined concept of writing' are *necessarily valid* for all signs. While this claim to generality does not, for this reason, straightforwardly change or challenge the usual meaning of the word 'writing', it does put pressure on what we are inclined to say when we are asked about writing, and indeed what we are inclined to say about words of a language in general, as well as marks and traces beyond the human use of language.

What, then, is the classical, narrowly defined concept of 'writing'? According to Derrida, the classic philosophical conception regards writing as, first and foremost, a means of communication and, indeed, 'an especially potent means of communication'. What is the potency that is supposed to be so specific to writing? On the classical interpretation that Derrida wants to interrogate, writing emerges as a technical device when the desire or need arises to extend the field of communication to addressees who are present but who are out of range of the natural voice. Writing thus first appears *in fact* when the space of sociality has changed to the point when we need or want to send messages to others who are 'not only distant but outside of the entire field of vision and beyond earshot'.

In his first challenge to this classic construal, Derrida asks whether in fact and in principle this distance 'must be capable of being carried to a certain absoluteness of absence' if writing is to be possible. The question is then: is the absence of the addressee that is supposed to *specify* writing to be characterized in terms only of the distant presence of a receiver, or should the scope of this concept of absence be widened to include, at the limit, the possibility of the addressee's absolute absence – specifically, his or her death?

I write a letter and address it with a proper name. To do this is to write to an empirically determinable receiver or addressee. Of course, it is always possible that before receiving my written message, this addressee or these addressees may die. Does this prevent my writing from being read? Of course not. However, Derrida does not want the obviousness of this point to be taken to reflect a common-sense supplement to the classic view of writing. On the contrary, with the re-evaluation of the relationship of writing to absence, Derrida wants radically to transform the conceptual economy in this area. I will explain this.

Note first of all that the classic interpretation of writing does not mention the absence of the producer of the written mark who sends it away to be read elsewhere. It is clear, however, that parallel considerations must hold here too:

> To write is to produce a mark . . . which my future disappearance will not in principle, hinder in its functioning. . . . For a writing to be a writing it must continue to 'act' and to be readable even when what is called the author of the writing no longer answers for what he has written. . . . The situation of the writer is, concerning the written text, basically the same as that of the reader.

Derrida is not concerned here with writing or death only as empirical phenomena. Rather, his concern is with the logical possibility and not merely the physical opportunity for a written text to remain readable when the absence of the sender or the addressee is no longer a mode of presence but a radical or absolute absence. And his claim is that the possibility of it functioning again beyond (or in the absence of) the 'living present' of its context of production or its empirically determined destination is part of what it is to *be* a written mark: to be what it is, all writing must be capable of functioning beyond the death of *any* (although of course not *every*) empirically determinable user in general. We can thus propose the following 'law of writing': a mark that is not structurally readable – iterable – beyond the death of the empirically determinable producer and receiver would not be writing.

The general claim, then, is that the *possibility* of 'functioning in the absence of' implied by the classic conception of writing must be capable of being brought to an *absolute* limit if writing is to constitute itself as such. Any particular event of writing or reading, if it is to take place as such in any 'here and now', presumes as its condition of possibility the possibility of an iteration in the radical absence of this one.

So: any written message is readable only to the extent that a reader can read whatever a (determinable) sender could write in the radical absence of that sender: *writing can and must be able to do without the presence of the (determinable) sender*. Equally, any message is readable only to the extent that a (determinable) reader can read whatever the sender could write in the absolute absence of the (destined) receiver's presence: *writing can and must be able to do without the presence of the (destined) receiver.*

These two possible absences 'construct the possibility of the message itself'. That is, and *pace* the classic interpretation, it is not the relative permanence of the written word (its relatively continuous presence in being) which makes iterations possible in the absence of the sender (who is still present 'over here') or receiver (who is still present 'over there'); rather, the written mark is precisely made to make up for these *possible absences.*

It is with this conclusion that the idea of a strategic generalization of the term 'writing' becomes forceful. According to Derrida's argument, the absence that characterizes writing is not a function of the fact of its relative persistence or permanence but of logically necessary preconditions of its status *as* readable writing. It is true that these preconditions are most perspicuous in the case of writing, but what if these possibilities of absence can be acknowledged to be part of the structure of *every* 'event of communication', no matter of what kind, whatever the species?

The idea here is that a 'singular event' that functions as a means of communication (e.g. an event of speech) can be the event it is only on condition of a necessary or structural relation to an iteration that is *another such* singular event which is *not present* at the time of its production or reception, another event which is not what it is except in its relation to another such event, another such event which is not what it is except in relation to another such event. Although the movement is without limit, numbers are not accumulating here. Or rather, the limit is: *not once.* This is what Derrida is insisting upon when he states that the 'unity of the signifying form' that is 'required to permit its recognition' 'only constitutes itself by virtue of its iterability'. There are two major points to bring out here. First, it goes along with this thought that for a word *to be* at all is for it *to be used.* Second, and subsequently, it brings into prominence that the possibility of a written mark functioning *again* in the absence of the current presence of its user or its current context of use is not just a supplementary benefit of writing, but internal to its *being* the 'writing' it is – *no matter of what kind.*

In every case, an event of writing (no matter what kind) thus breaks away from its determinable author or producer. *What* I *do* now must, in its iterability, be sufficiently detachable from what *I* do *now* for it to *be* the writing it is in any 'here and now'.

In the essay in which this argument is most systematically developed, *Limited Inc*, Derrida takes up a potential counter-example. In fact, the counter-example is from the philosopher John Searle, who was responding to Derrida's argument from iterability as stated in 'Signature Event Context'. The counter-example is of a shopping list, something that can function, Searle supposes, in the presence of its recipient and without any relation to its absence ('for example, when I compose a shopping list for myself'). In what could be read as the beginning of a commentary on the first paragraph of Wittgenstein's *Philosophical Investigations*, Derrida remarks:

> *At the very moment* 'I' make a shopping list, I know (I use 'knowing' here as a convenient term to designate the relations that I necessarily entertain with the object being constructed) that it will only be a list if it implies my absence, if it already detaches itself from me in order to function beyond my 'present' act and if it is utilizable at another time, in the absence of my-being-present-now.

The factually late emergence of what we usually call 'writing', the eventual emergence of the use of a mark that can do without the current presence of a determinable sender or recipient, should not mislead us here. For that emergence is *possible* because, in principle, the possibility of this absence is part of the logical structure of *any* sign, linguistic or not, human or not, in general;

part of the conditions of possibility of any 'means of communication' in general. And this is why we might speak, as Derrida does, of a 'writing before the letter' that makes what we normally call 'the written letter' possible. Hence, according to Derrida, the point is that language must be grasped as 'a possibility founded on the general possibility of writing' in this 'of whatever kind' sense.

That this structure is most perspicuous in what we already call 'writing' provides a strategic reason for its generalization. But taking and retaining that old name also ensures an effective intervention into the fabric and the evaluative order of the philosophical heritage that has hitherto dominated the subject. As we have seen, the fundamental motif of that fabric is that it relegates writing to a position of debased secondariness: the graphic signifier of the phonetic signifier of signified senses or ideal thought-contents or meanings (the presence of an 'order of pure intelligibility', or *logos*). If, however, anything that could function as a means of communication must possess, in its iterability, the structure of writing, the traditional conception of the sign must give way to an understanding of generalized 'writing', a conception of marks that are, in their essential iterability, *irreducible to anything that can be simply present in the present.* The metaphysical tradition that conceives the being of every being in terms of presence or persisting presence, and which conceives meaning in terms of an order of pure intelligibility or pure ideal *logos* potentially present to the mind or spirit or intelligence of Man, finds itself *dismantled by resources internal to its own construction.* Hence, and here we finally see the work of the word that has become so closely associated with Derrida's text, *the form of argument is a de-construction*, not the proposal of a new or rival construction.

In this chapter and the preceding one, I have followed the attempt in Derrida's text to call into question the very idea of the linguistic sign as something to be construed in terms of the unity of or relation between an outer or in any case *sensible* representation or expression ('signifier') and an inner or in any case *ideal* thought-content or meaning ('signified'). Working within the conceptuality of the tradition, we are brought to see a profoundly therapeutic point to affirming, against the dominant *logos*-centred construction of the tradition, what we might call the first consequence of the short argument for retaining the word 'writing' (stated at the end of the last chapter): that *anything that accompanied writing* (anything that would seem to give these supposedly 'dead' marks 'life') *would just be more writing*. There is in this criticism of the classic conception, in a formulation I will have to clarify in a moment, a 'reduction *of* meaning – that is, of the signified'.

While this formulation risks misunderstanding, it puts Derrida's argument into a relation to the philosophical tradition that is fundamental to it. For in so far as philosophy has involved a commitment to achieving what we might call a 'reduction *to* meaning' (as we saw at the start of the last chapter), then Derrida's rehabilitation of writing will necessarily take the form of a radical critique of traditional philosophy.

However, as I say, Derrida's contrasting effort at a 'reduction *of* meaning' could easily be misunderstood. Indeed, it invites – and has invited – the idea that Derrida's de-constructive thought (presumably incoherently) proposes the *elimination* of the very idea of 'meaning'. And there are remarks which would seem to support an eliminativist reading of Derrida on meaning. For example, he (presumably incoherently) writes that 'writing literally means nothing'. Remarks like this make it seem that Derrida wants to make theoretical claims that would conflict with a life with language that is (I would think) irreducibly committed to talk of meaning. However, as should now be clear, the conception of writing outlined by the argument from iterability does not aim to eliminate ordinary (and hence iterable) talk of meaning and understanding but to criticize the classical conception of meaning – where the only meaning that *is* one would be a meaning that is *one* – embedded in the idea of an event of human speech that would express an ideally pure presence, a pure ideality that would be fully present in the present. Indeed, as Derrida immediately goes on to insist in the passage from his essay 'The Ends of Man' that affirms the 'reduction *of* meaning', this is *not* a matter of 'erasing or destroying meaning', but 'a question of determining the possibility of meaning on the basis of a "formal" organisation which in itself has no meaning'. This '"formal" organisation' is, we now see, the system of general writing, or as he puts it in the passage from *Of Grammatology* with which we began Chapter 4, 'a determined textual system', which is the very element of our being, the 'form' of our life (and not only human life). Purity, on the other hand, the ideal purity of a pure ideality, the classic idea of 'meaning', is never to be had in the present event of such writing. The irreducible singularity of every such event, the specific 'here and now' of marks put into play, could not emerge as such (as a singular event of writing) unless 'the eventhood' of this event was 'in itself . . . repetitive or citational in its structure, or rather, since those two words may lead to confusion: iterable'. Geoffrey Bennington frames the nerve of Derrida's response to a tradition tainted by the tantalization of purity in the following formulation:

> What might look like a negative contingency which might affect or compromise the ideal purity of an event is integrated into the description of that event as a condition of possibility which is simultaneously the condition of the *a priori* impossibility of the event's ever achieving that ideal purity.

As Derrida puts it elsewhere, 'contrary to what our desire cannot fail to be tempted into believing', the philosophical ideal of present meaning, *the* matter for thinking in traditional philosophy, *the* 'thing itself' that philosophy thinks it should 'get back to', 'always steals away'.

One of the myths around Derrida I have been trying to dispel in this book is that he is a kind of sceptic or nihilist who doubts or denies that we ever mean anything or affirms that our words mean nothing. We have now been round the houses on the fault within Derrida text that gives rise to that myth. Should we say that because Derrida proposes the view that because every element of signification has an iterable or *différantial* identity, he is committed to the idea that nothing in fact ever really means anything? Not at all. It is not a suggestion that we never really manage to say anything or are condemned to fall short of ever really meaning anything. Nevertheless, his arguments around iterability and *différance* should make enigmatic the idea of meaning something by what we still call 'signs'.

Indeed, the whole point of his *manner of speaking* of iterability and *différance* derives from what Derrida regards as the philosophical heritage that 'we are already in the midst of' and which we cannot simply reject or overcome; namely, the one that conceives of every signifier as something which 'is put in place of the thing itself, the present thing' (whether that 'thing' is construed as a real or an ideal presence). When we do not have the thing itself present, we say, we can speak about it; 'we go through the detour of signs'. This *philosophical commonplace* belongs to the picture of human language that Derrida interrogates. His questions are not directed at high-level theories of meaning but the 'structure of signs as classically determined'. On this very general picture, 'the sign is conceivable only on the *basis* of the presence that it defers and *moving toward* the deferred presence that it aims to reappropriate'. Derrida's counter-conception is not to think that the commonplace has it almost right, only the final restoration of presence never arrives, but that the picture of the sign as deferred presence keeps in view a misleading picture of a final moment of restored presence. The Derridean manner of speaking that thinks through *différance* is intended as a corrective to that misleading picture that 'here is criticized and displaced'; a corrective to the idea that the ordinary functioning of language is based on or aims at presence or the representation of presence.

Starting where we are, with a picture of signs as deferred presence, Derrida attempts to find elements of our thought that can be turned against the dominant picture, and thus help to depose 'the privilege [that is] the ether of metaphysics': 'the privilege granted to presence'. As Derrida accepts, a de-constructive thought that has its ground in an effort to call into question 'the metaphysics of presence' is 'of the Heideggerian type'. In fact, Derrida's conception of the 'text' (which is not, as we have already noted, restricted exclusively to *human* marks and traces) is not simply Heidegger's 'world' (which is thus restricted). Nevertheless, it may have been noticed already by some readers that Derrida's text is, in many ways, strikingly Heideggerian. That's right, they are always close. However, they are not the same. This will come out in a particularly striking way in Chapter 8 when the idea of the human difference to other animals is directly examined.

Chapter 7
Politics and justice

In the early 1990s, there took place what has been called a 'turn in Derrida's thinking': an ethical and political turn. With the publication of his essay 'Force of Law: The "Mystical Foundation of Authority"' in 1992, it became impossible not to register an effort on Derrida's part to identify connections between his 'philosophico-deconstructive questioning' and wider social and political concerns. Deconstruction, the movement of the dismantling of the Western philosophical heritage (which was disclosed as 'ethnocentric' and hence already never simply philosophical through and through), was not to be thought of merely as a procedure or practice or process that promised a more just theoretical end or some kind of judicious advance for critical thinking, but as the very movement of justice in its relation to law: 'Deconstruction', Derrida announced, 'is justice'.

Many readers saw the prospect of something really salutary arriving here. With the essay 'Force of Law', Derrida's text became 'politicized', his work seemed finally to get political, with deconstruction expressed in 'newly politicized language'. With this new turn in his thinking, the Derridean text might now be put to work to help promote 'a rendering of justice' which would enable us to pass beyond 'a sense of disjuncture, of time out of joint'. Derrida suddenly appeared as someone who could put the world, the time, to rights, setting this as the task for the intellectual. A new Mr Fixit, a new Marx even.

As we shall see in this chapter, there certainly is something like an ethical and political turn in Derrida's thinking from the 1990s on. However, the vision of the arrival of a thinker who might assist us in learning finally how to live and finally putting the world to rights, is, thankfully, quite mistaken. In this chapter, I will first try to get things straight with regard to the significance of a turning point in the path of Derrida's work, and then explore what I take to be the most original and thought-provoking ideas that are worked on beyond it.

From the margin to the centre

I want to take a run-up to the turning point by considering the way in which the system of interpretation of writing that has dominated in the age of the sign is disrupted by Derrida's deconstructive argumentation. In a rare methodological clarification, he describes it as an 'intervention' that effects 'a reversal . . . and a general displacement' of the traditional evaluative hierarchy which privileges speech over writing. However, in a gesture which is fundamental to Derrida's conception of inscription as always already situated inhabitation, we can now see that this deconstruction of the traditional construction does not 'destroy structures from the outside', on the contrary it is 'not possible and effective . . . except by inhabiting those structures' in a novel way. Indeed, as we have seen, Derrida's discussion works over that structure (shakes it up) by taking an acknowledged but *marginalized* concept ('writing') from within it and putting that to work against the evaluative order that dominates it. So this deconstructive reading is not an effort at 'destroying the tradition', but rather an affirmation of what in the heritage 'has always resisted the prior organization of forces . . . the dominant force organizing the hierarchy that we may refer to, in brief, as logocentric'. Thus, in Derrida's text, a graphematic turn makes known as such a movement of logocentric construction which, in fact and in principle, has always also been a movement undergoing graphematic deconstruction. In his affirmation of what resists the logocentric construction, Derrida's text forges a future for the heritage from within it that also takes it beyond its dominant trajectory.

Although the deconstruction of logocentric structures is characterized by reversal *and* displacement of the old evaluative hierarchy of speech and writing (it is not 'writing' in the usual sense that performs the deconstructive shake-up), it is important to see that, in terms of its modal logic (in terms, that is, of the logic of possibilities) the basic pattern of Derrida's argument against the tradition is one of reversal. For example, for the logocentric tradition, the only possible concept (a concept that really *is* one) is a concept that is *one*, and hence (in the terms of the dominant heritage) a supposed 'concept' marked by *irreducible* polysemia is impossible, unthinkable, strictly nonsensical. In his modal reversal, Derrida will affirm instead that the only possible concept – the only concept worthy of the name – is (in the terms of the heritage) the impossible concept. Hence the formulation invoked by Geoffrey Bennington cited towards the end of the last chapter where we come to see that the condition of possibility of a text-event is the condition of impossibility of it attaining the 'ideal purity' required by the classic conception of sense.

Now, this pattern of argumentative reversal marks a fundamental continuity in Derrida's text, both in his early deconstruction of the metaphysics of presence, and in the later more explicitly ethical and political writings. As Bennington was in fact the first to see, the movement from 'early' to 'later' Derrida is best regarded merely as *a shift of emphasis* from a focus on traditionally marginalized predicates to a focus on rather more traditionally central ones. But nothing changes here in method or approach. Indeed, I want to suggest that Derrida's work after his writings on writing, *différance*, and iterability continued to think how 'the only possible *x*' should occur 'under the form of the impossible'. Derrida summarizes the logic of his later analyses of concepts central to our understanding of the ethical significance of our relations to others as follows:

> For instance, that the only possible hospitality is impossible hospitality . . . I would say exactly the same for the gift. I would say exactly the same for forgiveness. So I am trying to elaborate a logic, and I would call this a 'logic', in which the only possible *x* (and I mean here any rigorous concept of *x*) is 'the impossible *x*', and to do so without being caught in an absurd, nonsensical discourse.

The point of the modal reversal of tradition is to suggest that the range of cases positioned by the tradition as possible (or as 'the possibilities of the phenomena') does not do justice to what is really 'worthy of the name' in the phenomenon in question. A real or true possibility, by contrast (one really worthy of the name), will be one that breaks beyond the order of the merely possible (as the tradition has it), and is to that extent impossible. So the only (really and truly) possible is (in the terms of the classical heritage) the impossible.

For example, consider the traditional logic of the ethics of forgiveness. It would insist that the only possible forgiveness (the only forgiveness worthy of the name) is a forgiveness that forgives the forgivable (anything else is nonsense). And then the logic of the modal reversal would be that the only possible forgiveness is the impossible forgiveness, and hence an affirmation of an ethical demand to forgive the unforgivable. The only possible forgiveness – the only forgiveness really worthy of the name – is (in the terms of the traditional logic) the impossible forgiveness.

Consider now the 'Aristotelian ideal' of definite sense that, as we have seen, Derrida identifies with philosophy as such. This states that the only possible concept (a concept that really *is* one) is a concept that is *one* (anything else is nonsense). And then the logic of the modal reversal would be that the only possible concept is the impossible concept, and hence an affirmation of a theoretical demand to acknowledge *irreducible* polysemia. The only possible concept – the only concept really worthy of the name – is (in the terms of the traditional logic) the impossible concept.

Finally, consider the ideal that we might identify with traditional political philosophy. This would insist that the only possible community (a community that really *is* one) is a community that is *one*. Well, as we shall see in this chapter, the logic of the modal reversal here would be that the only possible community is the impossible community, and hence an affirmation of a political call for 'a community of singularities' without anything common, a 'community without community'. The only possible community – the only community really worthy of the name – is (in the terms of the traditional logic) the impossible community.

So the idea that we need to distinguish an 'early' and 'later' Derrida, as is sometimes suggested, should not be taken to imply a change of view, still less change in the logic of his claims. Again, there is no significant change of approach or method but simply a change of emphasis: from forays into the margins of philosophy towards (and with those forays in hand) forays into concepts at the centre of our ethical and political concerns. To suppose that the earlier work simply lacked such ethical and political concerns would therefore be doubly misleading. Not only would it be naive to think that a text that opens – opens in its opening sentence – by announcing that it constitutes an effort to 'focus on the *ethnocentrism* which, everywhere and always, had controlled the concept of writing' was not already deeply ethical and political, but it would fail to see that the affirmation of the impossible entailed by writing a preface to what remains to come was already a profoundly ethical and political gesture.

Nevertheless, it is true to say that the ethico-political orientation of deconstruction, what one might call a concern precisely for *ethical politics*, came to the fore in a more direct and less elliptical manner in Derrida's later writings – in his writings, adverted to above, on hospitality, on the gift, on forgiveness, and then, in the wake of the event named 'the-end-of-communism' or 'the-fall-of-the-Berlin-wall', two books (*Specters of Marx* and *Politics of Friendship*) on political community.

Derrida's confidence in this new work was sometimes less assured than one had come to expect. In the books on political community, for example, he talks of the 'inchoate form' of his remarks, and confesses the limits of his 'competence to speak on these themes'. Nevertheless, as always, he was still determined to pursue this work in a deconstructive manner: his thought was still 'inscribed, undertaken, and understood in the very element of the language it calls into question, struggling at the heart of [political concepts] that are themselves in the grips of auto-deconstructive movement'. And the concepts he explores here are not just any political concepts either. They are the very ones which are at the heart of the understanding of politics and political community that belongs to European societies in their paradigm form in the modern nation state: concepts of fraternity, equality, friendship, and the ties of these to blood and soil.

So the writings of the turn started to explore concepts at the heart of classical political theory. That did not mean, however, that Derrida's text became an undertaking in 'political theory'. In a lecture given at the University of Sussex almost exactly 30 years after the publication of *Of Grammatology*, 30 years after his first effort to take steps 'beyond the closure of knowledge', and to write in the form of an impossible preface, Derrida speaking in his good but imperfect English put it, rather perfectly nonetheless, like this:

> I'm not proposing a . . . political theory because what I'm saying, exceeds, precisely, knowledge. In its extreme and more essential form it has to do with something which cannot become a theoreme, it is something which simply has to be known, there is some type of experience, of political experience . . . which cannot be simply

> the object of a theory. Which is not an anti-theoretical move; I think political theory is necessary, but I try to articulate this necessity of a political theory with something in politics . . . which cannot, for structural reasons, become the object of knowledge, of a theory, of a theoreme. So, it's not a political theory . . . and it's not a deconstructive politics either. I don't think that there is such a thing as a deconstructive politics, if by the name 'politics' we mean a programme, an agenda, or even the name of a regime . . . . So, I don't think that what I'm engaged in . . . can be called political theory or deconstructive politics, but I think that given . . . the premises of what I have been doing before these last books, the time has come for me to say something more about politics. Not simply a political theory, a deconstructive politics, but to say something about politics is again not simply a speculative gesture: it's a concrete and personal commitment, and this performative commitment is part of what I'm writing. *Specters of Marx*, before being a text about Marx's theory, Marx's heritage, is, let's say, a personal commitment at a certain moment, in a certain form, in a singular fashion.

Let us follow the path of this 'personal commitment'.

Political community in deconstruction

I think a number of readers of Derrida's text would have been surprised by the personal commitments that emerged in the book *Specters of Marx*. In particular, like Marx – but explicitly *without* Marx – Derrida affirmed again and again 'I am not a Marxist', and he re-iterated that he was not among those in his post-war generation of French intellectuals who hid from the 'totalitarian terror' that had overtaken Eastern Europe and the 'socio-economic disasters of Soviet bureaucracy'. He was, he says, always opposed to *de facto* 'Marxism' or 'communism'. So he was not at all sorry, in this sense, to see the 'end of communism'. However, though not on the extreme left of Marxists or post-Marxist leftists, Derrida insisted that he did not oppose Marxism or communism out of conservative or reactionary motivations, and he wasn't writing in the early 1990s to join those who were proclaiming the coming of or arrival of an 'end of history' and who 'find the means to puff out their chests with the good conscience of capitalism, liberalism and the virtues of *present*, which is to say in fact, *past* forms of the electoral and parliamentary apparatus'. Things are not so rosy. Derrida highlighted a number of massive counter-evidences to the end of history idea, but in the next few pages I want to pick up on his response to just two distinctive features of our time, features that could concern anyone concerned with the future of democracy.

The first feature is bound up with the fact that the present forms of parliamentary democracy are actually past forms. The European model of parliamentary democracy in the nation state emerged hand in hand with a certain level of development of communication technologies. However, the former has not undergone anything like the kind of transformative mutation we have witnessed and are still witnessing in the latter. This is a fact – and it is a problem. Derrida's worry is that these changes do not leave the old model unaffected. Indeed, according to Derrida, the forms of parliamentary representativity which emerged within the space and time of a certain level of technological development have been 'dangerously weakened' by the 'techno-tele-media apparatuses and by new rhythms of information and communication' that are developing at speed and at speeds which radically transform (and do not just extend) the distances and times of the world, changes which are transforming the world and disrupt the very idea of a localizable 'place' of the 'public space' that had belonged to the old nation states of Europe.

'If there is a tendency not to respect professional politicians' in our time, Derrida suggests, this may not be a personal fault of politicians. They may well be decent people who are genuinely striving to think well about political and social conditions. But what can they do? More and more, or even solely, they become 'characters in the media's representation', in a global 24-hour media which has fundamentally transformed the public space in which their 'legitimate power' in nation states had previously been embedded. In our time, Derrida regretfully notes, 'actors in politics often risk being no more than TV actors'.

So Derrida did not join a media frenzy which celebrated the end of communism, or euphoric proclamations that heralded the 'good news' that the globalization of 'liberal democracy and the market economy' will mark the end of history. 'Deconstruction has never been Marxist', but nor is it simply 'anti-Marxist' either. Indeed, he suggests that his early work on the deconstruction of logocentrism 'would have been impossible and un-thinkable in a pre-Marxist space'. However, the Marx that had been taken over by orthodoxy was not anything that Derrida wanted to associate himself with in the 1960s – nor 30 years later. Nevertheless, a certain 'spirit of Marxism' should, he thinks, be affirmed. And he wagers that he will not be alone in thinking that. In an effort to form or forge a kind of 'holding together' of friends who are scattered all over the world, and who may not even know each other, 'the disparate itself', Derrida sought a new alliance 'without organization, without party, without nation, without State, without property', an alliance that he called a 'new International'.

To understand this gesture, we first need to be clear that Derrida is not against any of the things he lists here (political organization, political parties, the nation, state, property), as if they are the *a priori* objectionables of some normative political theory. However, he is trying to understand what today goes beyond them, and to think, in this time of 'a phase of decisive mutation', the possibility of a certain 'democracy to come' that will no longer be limited by present, that is to say, by past forms of political democracy and representativity, and which would be better adjusted, or less problematically dis-adjusted to 'the rhythms of information and communication' that are transforming our world and the spaces of politics.

Making its way within the space we already inhabit, Derrida's text strives to retrieve a dimension of the political heritage which already de-limits it, de-territorializes it, which already takes it beyond its present nation state limit. And he finds it in the fundamentally democratic but 'abstract and potentially indifferent thought' of 'number and equality'. This principle *can* be allied to – and *has* traditionally been allied to – a territorializing risk that Derrida calls 'terrifying': namely, an idea of 'homogenizing calculability' that confidently knows how to count some people 'in' and some people 'out' of the democratic order; the classic idea of the rootedness of those who count 'in' in 'land and blood'. According to this old idea, *we are the same*, you and I and every other who counts. 'We' are not the other, and you and I and every other that counts count as 'the same', share a fundamental equality, because we *naturally* belong together – we are brothers, friends, we have roots, natural roots, in a given territory. This is a dimension of traditional forms of democratic community from which Derrida's text wants to save nothing. However, and at least for now, the name democracy *also* carries within it something else entirely:

> the power of universalizing beyond the State and the nation, the account taken of anonymous and irreducible singularities, infinitely different and thereby indifferent to particular difference, to the raging quest for identity corrupting the most indestructible desires of the idiom.

While democracy is a political form that has been caught up in desires for equality based on supposedly natural ties of blood and soil, Derrida retrieves within that desire a quasi-cosmopolitan love that cherishes and cultivates the singularity of every other, and which powerfully resists ethnic or national homogeneity and identitarian emotions.

This quasi-cosmopolitan indifference to particular difference that cherishes the idiomatic and the singular highlights a second feature of our time that should concern us today – a concern with justice. The 'new International' is not a new 'international of communist parties', it does not attempt to institute communism as a regime; indeed, it does not even appeal to some kind of 'common' – a class commonality or ethnic or national or even international community. Nevertheless, it belongs to this worldwide alliance of scattered friends to bear a particular concern with the fact that international law today is dominated by particular nation states and their techno-economic military power. This is not a fault in the law as such. And Derrida does not hesitate to pay tribute to and to salute those who work in international institutions and attempt to free them from such domination. But this domination is a fact – and it is a problem. The worry Derrida raises on this topic belongs to a line of thought that goes right back to Plato:

> Plato excludes the possibility of realizing an ideal state as long as philosophers do not reign over it, as long as the kings and sovereigns, the 'dynasts' who dispose of power are not philosophers – that is as long as *philosophia* is not bound to political power: in other words as long as justice (which must be distinguished from law) is not bound to power, as long as justice is not one with force.

The 'new International' is, in a certain way, a new figure – a newly democratized figure – of the philosopher king. It belongs to the movement (carried, it must be said, in waves of laughter over the centuries, but philosophers know they have to take their time) which would want to see '*philosophia* bound to political power', a world in which justice is bound to power.

Who, then, is part of this movement without party, without organization, without membership cards, of this new International? First of all, like philosophy itself, it is open to all, no one is excluded: 'barely deserving the name community, the new International belongs only to anonymity'. However, the responsibility that falls on those who belong to this scattered community without community, though it falls in principle on anyone and does not exclude anyone, does not, *today*, fall on everyone *indifferently*. On the contrary, Derrida insists that it falls *today* to some 'more imperatively' or 'by priority' or more 'urgently' than it does to others. Derrida identifies who it particularly singles out as follows. They are:

- those who will have already managed to resist 'a certain hegemony of the Marxist dogma';
- those who have insisted on conceiving and on practising this resistance 'without showing any leniency towards reactionary, conservative or neoconservative, anti-scientific or obscurantist temptations';
- 'those who have ceaselessly proceeded in, I will dare to say, in a deconstructive fashion, in the name of a new Enlightenment for the century to come'.

In short, this fundamentally anonymous, radically universalizable responsibility is not 'just anyone's' at all. The only thing one can be sure of here is: it is Derrida's – and those who are his ilk.

We live in a time of dis-location, of de-localization – of 'lovers, families, nations'. How are we to conceive of a politics beyond the politics of the 'community of friends' that has dominated modern Europe and the West for over two hundred years? As we have seen, the canonical politics of democratic friendship loves, cherishes, and cultivates equality among brothers: calculability, countability, where you count units, voters, citizens, voices, indifferently, equally. ('Democracy means, minimally, equality.') The question is, however, whether it is possible to think a politics of democratic friendship that could free itself from the terrifying threat of homogenization, the ethno-nationalist politics of identity, which has so profoundly marked its passage into our time.

As we are beginning to see, such a possibility can be retrieved in the democratic idea that each one (everyone, anyone) counts as one. To affirm that each counts as one can mean that each shares *the same* identity. This is to abstract entirely from particular differences between ordinary singularities. And yet the experience of the radical unreplaceability, the absolute unsubstitutability, the fundamental uniqueness of the singular other, belongs just as much to friendship – especially in the concrete encounter with the friend one loves – as does equality and reciprocity. The question is, then, whether there could be a politics of democratic friendship that would cherish *both* the equality of everyone *and* 'take into account and respect the heterogeneous singularity of everyone'. This would be a politics that would thereby resist best 'the raging quest for homogeneity and identity' that dominates the canonical concept of friendship and which has dominated the politics of democracy for so long (the equality of brothers, the community of brother-friends with roots in a territory, blood and soil and so on, as the natural foundation of the nation). Is it possible to think of 'a democracy beyond the limits of the classical political model' that would allow us to 'think differently this double injunction of equality for everyone and respect for singularity'?

The centuries of Greco-Christianity, the inscription of place which has called itself (to be) 'Europe', has freed a de-localizing movement of democratic political desire. But where is it heading? Let us track it.

Democratic desire

Derrida specifies the basic characteristics of a democratic political desire in terms of the 'double injunction' identified at the heart of the politics of friendship, now figured as necessary (but not sufficient) conditions for democracy:

> There is no democracy without respect for irreducible singularity or alterity, but there is no democracy with the 'community of friends' (*koína ta philōn*), without the calculation of majorities, without identifiable, stabilizable, representable subjects, all equal. The two laws are irreducible one to the other. Tragically irreconcilable and forever wounding. The wound itself opens with the necessity of having to count one's friends, to count the others, in the economy

> of one's own, there where every other is altogether other. But where every other is *equally* altogether other. More serious than a contradiction, political desire is forever borne by the disjunction of these two laws. It also bears the chance and the future of a democracy whose ruin it constantly threatens but whose life, however, it sustains, like life itself, at the heart of its *divided virtue*, the inadequacy to itself.

On this account, the political desire for democracy is forever destined to its own non-satisfaction: it is a preference for what can never be realized in a final form of ideal adequacy. Its 'divided virtue' entails that a certain 'inadequacy to itself' (the condition of being insufficiently democratic) is irreducible. Any putative democratic institution, for example a democratic state, immediately and interminably falls short with respect to what is desired. But falling short here is not failing to realize an ideal adequacy that one day, in the future (even an ideal future), might be made present. With democracy, perhaps uniquely, there can be no orientation or directedness towards such an ideal end. Instead, from case to case, one can only strive to *endure* the open wound, committing oneself *in the name of democracy* to the necessity of undertaking deliberations and decisions which must, at once and without delay, betray the 'community of friends', by having to calculate (or count as the same) with the incalculable (with the uncountable – since each one is the only one).

Democracy on this understanding is the name for what is aimed at by a political desire – which is obviously not alien to a religious desire – to cherish and to cultivate the irreducible *singularity* of every other (and which, for that reason, most strongly resists the politics of homogeneity and identity that so clearly marked old Europe, and which has not gone away). But, for the same reason, it is also a political desire to cherish and to cultivate *equality*. For the friend of democratic desire, there is no question of demanding the other to be just like me, to share my identity as something to have 'in common' with me. Democratic desire aims at the realization of a 'community of friends' that would be an alliance of singularities who are infinitely other, each one the only one. (The realization of a new International indeed.) But that is why it also aims at the realization of a 'community of friends' in which each one can be recognized as, in that respect, just like the other, each one fundamentally equal to every other. At every step, the *aporia* (the experience of being without a way out, without a path, *a-poros*) endures. It is the politics of democratic politics without a final end.

It is for this reason that democracy represents the 'other' of every politics that would be elaborated in terms of a determinate teleo-messianic conception of *the proper end of Man*; it is the other of every politics with a redemptive end in sight. As a political desire, the commitment to democracy desires what is neither given in the present nor even given in the anticipation of an ideal future present, and hence it is the desire for something of which there is, as Levinas puts it, 'no adequate idea'. At issue, then, is an orientation in the world by a political desire that is constitutionally aporetic. Fundamentally akin to the provisional condition of finding within the old language *a new manner of speaking*, efforts faithfully to think and act in the name of democracy make moves within the 'economy of one's own' – an economy stabilized in a language or a culture or a heritage – that are experienced as striving towards a 'we don't know what' that lies ahead of us. A future in relation to which our today is experienced as a preface for what remains to come, for what is not yet written, beyond anticipation, beyond knowledge.

Taking us back, as they do, to the opening chapters of this book, these ideas link up the challenge to re-think politics beyond the politics of the end of Man with the mutation within the Western heritage that Derrida had highlighted from his earliest writings. The philosopher David Wiggins, writing explicitly in 'a time after Darwin', but which is also and equally clearly a time after Copernicus, offers something of a summary of this mutation in the following passage:

> Unless we are Marxists, we are more resistant [today] than the eighteenth- or nineteenth-centuries knew how to be [to] attempts to locate the meaning of human life or human history in mystical or metaphysical conceptions – in the emancipation of mankind, or progress, or the onward advance of Absolute Spirit. It is not that we have lost interest in emancipation or progress themselves. But whether temporarily or permanently, we have more or less abandoned the idea that the importance of emancipation or progress (or a correct conception of spiritual advance) is that these are marks by which our minute speck in the universe can distinguish itself as the spiritual focus of the cosmos.

Before tracing this de-centring movement into our time more closely with Derrida, I want to broach a worry that might be felt with Wiggins' rather rapid dismissal of Marxism. The worry is that unless we *are* Marxists – or at least unless we can still frame an objective conception of what is proper to the good life for Man, *the proper end of Man* – we have no basis on which to assess whether we are moving towards or away from the attainment of a better form of life *at all*. Hence any continued interest in 'the importance of emancipation and progress' would seem to be meaningless. Wiggins claims that our increased resistance to historico-messianic narratives does *not* imply that we have lost interest in 'emancipation or progress themselves'. But can we, today, retain that interest – and not be Marxist?

This question invites us to acknowledge that *we* belong to societies with a history whose self-understanding simply cannot be radically dissociated from a Marxist heritage. As Derrida notes, 'whether they wish it or know it or not, all men and women, all over the earth, are today, to a certain extent, the heirs of Marx and Marxism'. There is a complication to every discourse that would say that our interest in emancipation or progress could be radically non-Marxist or can simply do without Marx. Especially if we think we are not Marxist. Here is Derrida again:

> A messianic promise, even if it was not fulfilled, at least in the form in which it was uttered, even if it rushed headlong toward an ontological content, will have imprinted an inaugural and unique mark in history. And whether we like it or not, whatever consciousness we have of it, we cannot not be its heirs.

Unless we are going to be naively unwitting Marxists, we had better attend to this inheritance. We need to attend to the spectres of Marx and Marxism. Especially today, when it is so often announced, naively, that Marxism is dead.

I will come back to this, but first we need to acknowledge that Wiggins' political naivety is coupled with an important historical insight. It is, I think, plainly true that

> we are more resistant [today] than the eighteenth- or nineteenth-centuries knew how to be [to] attempts to locate the meaning of human life or human history in mystical or metaphysical conceptions – in the emancipation of mankind, or progress, or the onward advance of Absolute Spirit.

It is as one of the last great attempts to elaborate a grand historico-messianic narrative of the emancipation and progress of Man that Marxism has its place in Wiggins' account.

If I was a Marxist, or a Marxist through and through, I would have an understanding of the significance of our lives which showed our present condition as alienated and which pointed towards a historical movement of de-alienation, a historical movement in which it will all come right in the end, if we can only get our collective act together and build that revolution. Is Wiggins taking unjustified advantage of the 'we' when he implies that, at least for most of us these days, *we don't believe that*, we can't fall back on a philosophy of the history of the alienation and de-alienation of Man like that? I don't think he is. In our time, we need to shift decisively from thinking in (classical messianic) terms of an end of Man in which we *finally learn how to live* to (but holding on to something of that messianism) learning to endure interminably learning how to live, learning to live without the promise of *finally* learning how to live. For Derrida, this shift is totally inseparable from the graphematic mutation which outlined the closure of the logocentric age of the sign, an age dominated by an ethnocentric vision of human history as the teleological movement towards the end of Man, and hence is totally inseparable from the liberation in our world of a strictly interminable desire for 'democracy to come'.

Historical theodicies, histories of the world with a redemptive end, whether theist or atheist, can only regard the not-so-teleological relation to the future affirmed by Derrida's text as a counsel of despair or at best an excuse for quietist inaction. However, from the inside of democratic desire, the only future for ourselves (for our language, our culture, our heritage) worth having is a future that is experienced as yet to come. It is a hope for freedom and progress that – for both believers and non-believers alike – can get along without the idea of what Hegel called 'the attainability of a definite result' in an end of history in which Man would have finally achieved a supposedly ideal form of human community, a community in which he could become actually what he always had been potentially, radically de-alienated, free and equal: a community that, finally, really *is* one because it is a human community which, finally, is *one*.

Some may feel that without the good news of such a mirage in the desert, without faith in the advent of a redemptive end of Man in an ideal community, we are left standing still, left 'at the starting line'. But, as Derrida affirms, it may also give one the 'strength and speed', here and now, to act: to do everything one can to keep the space open for unknown friends of democratic desire to come.

So, in Derrida's text, we find that it is the '*hope, beyond all "messianisms", of a universalizable culture of singularities*' that occupies the space reserved for the classic interest in emancipation and progress that belonged to the time before our today. It takes place, here and now, wherever we affirm the logic of the modal reversal outlined at the start of this chapter: that the only possible community is the impossible community. And so, within the limits in which any such judgement is possible, the lives that are of most interest in our time will belong to those participants for whom *the idea of finally having done with the question of how to live* – let's call these participants 'philosophers', whoever they are – is experienced most intensely or most keenly as something, today, *to resist.*

To resist what, then? First and foremost, the rule of every *doxa* of messianic arrival. On the other hand, the punch about resistance just delivered has other aims too, including the one I have already identified, with Wiggins, as the last great effort at a classical historico-messianic vision of emancipation and progress towards a fully human community: a conception claiming to possess the *truth of Man* and which thus promises that we *can* learn, *finally*, how to live in a proper *end of Man.* I mean Marxism.

Given the increasingly secularized way in which the world and the significance of our lives have been grasped and lived in the last three hundred years or so, it is, perhaps, not surprising that Marxism, uniquely, has been able to survive the increased resistance to historico-messianic narratives that marks our time. That it should *not* continue do so in its classic form is, in my view, the central lesson of Derrida's brilliant but difficult text *Specters of Marx.* Like Wiggins, Derrida wants to preserve in our time – and in his case, to preserve, without naivety, from Marxism – something of the classic interest in emancipation and progress. However, Derrida, again like Wiggins, wants to inherit that anew and *non-classically,* that is *without* the idea of a final end of Man and everything associated with it. Indeed, what he says he does *not* want to inherit from Marxism is: *'almost everything'.*

On the other hand, and without ever capitulating to Marxist intimidation, what Derrida's text wants to keep alive and inherit from Marxism – and against the 'religion of capital' that confronts us on all sides today – is its emancipatory spirit. Derrida's work, especially his later work, explicitly called for a form of thinking and questioning that could do more than merely occupy itself with concerns inside the 'monastic ivory tower' of professional academia. Philosophico-deconstructive questioning should be concerned to change things, and to 'change things . . . not only in the profession but . . . in the world'. Indeed, what, in the essay 'Force of Law', he calls 'the experience of inadequation' of existing laws with respect to justice is fundamental to his effort consistently to follow, as far as possible – though insisting as well that it is not 'a true distinction' – the early modern philosopher Montaigne's contrast between laws (*droit*) and justice. And Derrida is equally insistent that the *aporias* he attends to should in no way stop one in one's tracks, and thus prevent one from getting actively involved in 'juridico-political battles'. On the contrary, what is required, he argues, is precisely not to take 'emancipatory battles' beyond the law, but to take the law, or at least 'the element of calculation' that he regards as essential to legal reasoning, into every field in which there is an appeal to justice.

The idea of the calculability of law here relates to the generality of a rule, and of reasoning that in principle would apply to anyone. The corresponding 'incalculability' of justice that Derrida insists upon relates to decisions which are themselves always singular, concerning individuals or collectivities that are radically irreplaceable in situations that ultimately resist generalization. Law, Derrida argues, is nevertheless the best way, the most *just* way, we have for organizing a response – a politicizing response not in the least excluded – to such singularities: 'incalculable justice *requires* us to calculate', it requires us to do what we can in 'emancipatory battles that remain and will have to remain in progress'. Moreover, it requires us to do what we can, not only in already identified 'territories of juridico-politicization', but also in new and presently still marginal areas. Derrida runs through a list of examples, many of which would be familiar in what is today called applied philosophy:

> the area of laws on the teaching and practice of languages, the legitimization of canons, the military use of scientific research, abortion, euthanasia, problems of organ transplantation, extra-uterine conception, bio-engineering, medical experimentation, the social treatment of AIDS, the macro- or micro-politics of drugs, the homeless, and so on, without forgetting, of course, the treatment of what we call animal life, animality.

It is in view of the deep need to find a just response to emancipatory battles like these that Derrida will insist that 'it is *just* that there be *law*'.

In the next chapter, we will see how Derrida takes on questions concerning the last of his examples here: the deconstructive treatment of the heritage on 'what we call animal life'.

Chapter 8
Man and animal

Deconstructing humanism

In the opening chapter of his great text *Being and Time*, Martin Heidegger broaches an historical interpretation of the way 'we in our time' have become disoriented with regard to an understanding of our own being: 'What stands in the way of the basic question of our being (or leads it off the track) is', he suggests, 'an orientation thoroughly coloured by the anthropology of the ancient [Greek] world [the conception of man as the *zōon logon echon* (*animal rationale*)] and Christianity [the conception of man as made in God's image]'. The understanding of Man, and of what is construed on this understanding as 'proper to Man', that comes down to us from these sources is, as we have already seen, a central theme in Derrida's work. Following Heidegger, he will often refer to it as the classic 'humanist' understanding of Man. Heidegger characterizes humanism as that tradition in which what it calls 'Man' is defined by setting it off as one kind of entity present in the world among other entities (*Homo animalis*). Human beings are not, however, simply equated with mere things in the world or even with other living creatures. On the contrary, humanism accords Man a specific and special difference or dignity denied to all other things: Man is the animal endowed with the capacity for reason or for language; Man is the *ens finitum* [finite being] created by God in God's image.

According to Heidegger, this classic humanist anthropology remains in place in modern philosophy since Descartes: it too conceives human existence primarily in terms of presence and then supplies this animal presence with a unique and distinctive trait. Thus it rejects the fully naturalistic idea that 'the essence of man simply consists in being an animal organism' and proposes that 'this insufficient definition of man's essence [can] be overcome or offset' by adding on to it the idea of man having 'an immortal soul'; or by 'adjoining a mind to the human body' and saying that we are a thinking thing, a self-conscious subject. Thus Heidegger's view is that in post-Cartesian philosophy, where consciousness is the point of departure, humanism remains the background conception: 'In principle we are still thinking of *Homo animalis* – even when . . . this is later posited as subject, person or spirit.'

For Heidegger, then, the two-fold classic humanist anthropology is what 'stands in the way' of achieving an adequate understanding of our being. His own alternative position is (by his own admission) itself an original kind of 'humanism', something evident in his saying that the main problem with classic humanism is not that it set what is distinctively human in the human, Man's '*humanitas*', too high, but rather that it does not set it 'high enough'. It is perhaps on this issue, above all, that Derrida is least faithfully Heideggerian. As we shall see, Derrida does not want to deny the significance we attach to the idea of the difference between human beings and other animals, nor will he give any truck to the fully naturalistic idea that human beings are simply one 'animal organism' among others. On the other hand, according to Derrida, the classic humanist tradition – including Heidegger's original development of that tradition – describes this difference in terms that Derrida finds deeply problematic, both theoretically and, in terms of our treatment of animals today, practically. In this chapter, I want to introduce some of the main lines of Derrida's deconstruction of humanist thinking on this topic.

The principal claim that Derrida makes against the humanist tradition can be summarized with what, in a essay published in

2002 called 'The Animal That Therefore I Am (More to Follow)', he calls his first 'thesis'. While not for a moment questioning our 'common-sense' adherence to the idea of an 'abyssal rupture' between human beings and animals, Derrida's thesis is that this is not to be understood in terms of the picture of 'a unilinear and indivisible line' with 'Man' on one side and the 'Animal' on the other. This thesis will not leave our understanding of what lies on either side of the abyss intact either; neither Man (grasped teleologically in terms of 'the history of the world'), on the one side, nor the homogenizing catch-all category of the 'Animal' or 'Animal Life' (grasped biologistically in terms of the merely or purely natural history of an 'animal organism'), on the other.

The importance of understanding the way Derrida's text calls into question the *logos*-centred idea of Man and the proper end of Man has been stressed throughout this book. As we have seen, from his very earliest writings, Derrida's work of deconstruction was particularly pitted against 'the opposition of nature and culture, animality and humanity, etc.'. However, it was not until he turned towards a more explicit discussion of ethics and politics that the question of animality and the critique of onto-theological humanism really came together.

To help situate Derrida's principal claim against humanism, I want to launch off with a passage from an essay by the philosopher Cora Diamond which highlights a distinction between two ways of thinking about the human/animal difference:

> The difference between human beings and animals is not to be discovered by studies of Washoe or the activities of dolphins. It is not that sort of study or ethology or evolutionary theory that is going to tell us the difference between us and animals: the difference is, I have suggested, a central concept for human life and is more an object of contemplation than observation (though that might be misunderstood; I am not suggesting it is a matter of intuition). One source of confusion here is that we fail to

> distinguish between 'the difference between animals and people' and 'the differences between animals and people'; the same sort of confusion occurs in discussions of the relationship of men and women. In both cases people appeal to scientific evidence to show that 'the difference' is not as deep as we think; but all that such evidence can show, or show directly, is that the differences are less sharp than we think. In the case of the difference between animals and people, it is clear that we form the idea of this difference, create the concept of the difference, knowing perfectly well the overwhelmingly obvious similarities.

This comes from one of the best attempts I know to affirm the idea of a difference between human beings and other animals. But proper appreciation of its novelty requires that we situate it within and against the background of standard 'humanistic' attempts to articulate it in the history of philosophy. That history is in fact precisely the one in view in Derrida's elaboration of the logocentric heritage. Indeed, Derrida's text defines logocentrism as 'first of all a thesis regarding the animal, the animal deprived of the *logos*, deprived of the *can-have-the-logos*'. It is the logocentric epoch which has made Diamond's affirmation possible, but it is an epoch dominated by a view of the difference from which it must also be, as far as possible, disentangled.

For reasons I will come back to shortly, while I do not think that the dominant philosophical idea of this difference is simply rooted in 'theoretical' resources, we can still follow Derrida's (Heideggerian) identification of the Greek and Christian sources of the logocentric epoch by taking our theoretical cue from the corresponding Greek and Christian determinations of Man outlined above: the conception of Man as the *zōon logon echon* (*animal rationale*); and the Christian theomorphic idea of Man as made in God's image.

The idea of the difference has been worked on and worked over – made something of – by a heritage that is, I think, fundamentally rooted in these two sources. However, it is clear that this heritage is now losing some of its general appeal. Many today are beginning to think that the idea that the difference is something we humans have *discovered* to be the case ('an object of observation', as Diamond puts it) should *not* be sustained. Derrida, like Diamond, is firmly located among those who are not content with that 'cognitivist' idea of the difference.

However, there is a recoil position taken by some of those who they are among here which is, for Derrida, just as unsatisfactory. The recoil position regards the idea that we have discovered this abyssal difference as a *factual error* on our part, the residue of less enlightened times when we had not got our understanding of nature and ourselves as natural creatures right. Today, some think, we have the power, the theoretical power, to get things right, and regard it as well established that, in fact, we are just another species of living thing, a living thing that ultimately differs from other living things only by degree.

Derrida, like Diamond, completely rejects this recoil position: 'one would have to be more asinine than any beast [*plus bête que les bêtes*]' to believe in 'some homogeneous continuity between what calls itself man and what he calls the animal'. But this does not imply a re-affirmation of classic humanism. On the contrary, in Derrida's text, we find a careful and compelling attempt to negotiate a path between the humanist heritage and asinine biologism. On the one hand, he rejects the classic humanistic assumption that the difference of which it speaks is something we have discovered to be the case (whether through philosophical speculation or through spiritual revelation). On the other hand, however, he rejects the fully naturalistic assumption that our common-sense adherence to the idea of this difference is simply the result of a *defective* means of establishing what is the case, something that has been overcome by today's more powerful scientific understanding of nature and ourselves as natural creatures.

I think Derrida is right to attack both targets. However, in what looks like an either/or situation (the human condition as either, in fact, a radical break from an animal condition or, in fact, in a fundamental continuity with it), his taking on both fronts doesn't seem to leave us with any alternative. Derrida's demand (on the side of a certain naturalism) that we 'take into account a multiplicity of heterogeneous structures and limits' may avoid what he calls a 'crime against animals' (namely corralling them into a single general category of 'the Animal'), but it does nothing to explain the significance we (human beings) attach to the difference 'between what calls *itself* man and what *he* calls the animal'. For example, it does not explain why we do not (except under the most extreme conditions or the most ritualized occasions) eat dead people.

In order to get off the see-saw of classic humanism and modern naturalism, a further step is needed. And this can be achieved once we come to see that the same fundamental *cognitivism* with regard to the significance we attach to the idea of the human/animal difference is at the problematic heart of *both* accounts. Both claim that a proper grasp of its significance is ultimately, *decisively*, a matter of our having adjusted our beliefs to how things really (even essentially) are. This is what we need to resist. That is, to follow Derrida in this area, we need to resist the temptation to affirm in theoretical reflection what David Wiggins has called the appearance of a 'naïve cognitivism' in many people's everyday ethical outlook. Not that a theoretically enlightened thinker – a thinker who is attracted to the idea that the difference between humans and animals is 'more an object of contemplation than observation' – is going to give up on the idea that 'the differences between higher and lower forms of life' are real or is going to suppose that they are simply fictitious. On the contrary, such a thinker can accept that there is an astonishing 'heterogeneous multiplicity of the living' and can comfortably accept that such *differences* are *objective*. However, as Wiggins puts it, this thinker 'will not back down from [the] denial that these differences are *decisive*': 'Such differences', he continues, 'may be important to us. But they depend for their significance upon a framework that is a free construct, not upon something fashioned in a manner that is answerable to how anything really is.' The significance we attach to the *differences*, and in particular the idea we form of the *difference*, is not a matter merely of taking due regard to *objectivity* – or, since what is at issue is the idea of an 'absolute' difference, one can equally well say, not a matter of taking due regard to the *real* structure of subjectivity – as if we had *discovered in the nature of things* an abyssal 'all or nothing' disjunction between, say, rational animality or rational subjectivity, *the truth of Man*, on the one hand, and non-rational animality or non-rational subjectivity (which may be some kind of subjectivity or some kind of proto-subjectivity – or really no kind of subjectivity at all), *the truth of the Animal*, on the other.

It is this anti-cognitivist, historical-constructivist conception that is, I think, the crucial presupposition for dismounting the see-saw between classic humanist discontinuism and modern biologistic continuism. And it is this we find affirmed in Derrida's text.

Beyond the truth of man

The anti-cognitivist claim is that the idea that human life has special significance never was something that, as Wiggins puts it, 'we as a species ever (as we say) found or discovered'. *A fortiori* it is not an error simply to be corrected by a better theory of nature either. Indeed, what is at issue here is the result of processes of a kind that Darwin himself regarded as *contrasting* markedly with the kinds of forces of *natural* selection which are originary in natural history: namely, 'unconstrained inventive processes'. Of course, unlike the splendidly deliberate work of *artificial* selection that fascinated Darwin and which gave rise to numerous new pigeon varieties, the inventive processes which have given rise to the construction upon which depends the significance we attach to the idea of the human difference were, as Wiggins (not unproblematically but bearably) puts it, 'gradual, unconscious and communal'.

Derrida does not doubt that human beings have always identified themselves in ways which include an elaboration of a concept of the human difference, and that this difference is an undeniably central concept in human life. Moreover, he regards it as naive to think that such concepts belong only to an age of pre-scientific myth and superstition. Indeed, as we have seen, the narrative of the progressive movement of the 'becoming-civilized' of Man is also central to the traditional idea of our so-called 'modernity'. And this was never a merely theoretical conception either. Articulating what he calls the founding 'mythography' of Western modernity, it has itself been historically world-forming: informing or imprinting itself on the lives of those who celebrated the unbroken 'golden thread' of (singular) Civilization, and of course, the lives of those who, in the name of that mono-genealogy, lay outside of and did not measure up to what the Europeans of the 19th century called the 'Standard of Civilization'.

Indeed, in Derrida's view the elaboration of this mythography in and as the history of modernity has had fundamental and objective consequences not only for human beings, as a result of the ethnocentric assessment of human differences, but also for animals. There are two sides to this sorry tale. *On the one hand* (the animal hand), and speaking 'from the heart', Derrida claims that 'no one could deny that [an alteration in the human relation to animals] has been accelerating, intensifying, no longer knowing where it is going, for about two centuries, at an incalculable rate and level'; 'no one can deny the *unprecedented* proportions of the subjection [of animals to the well-being of man]', that is taking place in our time. Yet, according to Derrida, we live today mostly in denial, indeed, in a denial of what, in other contexts – in particular, in contexts in which our relation to animals is quite distinctively not to 'animals in general' but an aliveness to *this creature with a life* – their own speaking hearts would find intolerable. So ultimately, despite the alteration in human relations to animals that marks contemporary modernity:

> no one can deny seriously, or deny for very long, that men do all they can in order to dissimulate this cruelty [of the subjection of animals] or to hide it from themselves, in order to organize on a global scale the forgetting or misunderstanding of this violence that some would compare to the worst cases of genocide (there are also animal genocides: the number of species endangered because of man takes one's breath away).

And it is not only a question of driving certain species to extinction either. In 'monstrous' conditions, certain other species are given a 'virtually interminable survival' in the process of their 'industrial . . . production, breeding and slaughter'.

On the other hand (the human hand), this dissimulation and disassociation from what, in the kind of context of human aliveness to animal others just mentioned, no one can deny, is obviously telling of modern humanity too. Talk of an abyssal difference between the human and animal is an expression of the special significance we attach to the idea of the human, and that is no more an error than it is an error to mourn the loss of a friend. But no one can deny, or deny for very long, that this abyssal difference has a crossable frontier. The very concepts through which we express human relationships, concepts that mark a profoundly *non-biological* concept of the human – concepts like friendship or fellowship or companionship – are simply not marked 'for human use only'. On the contrary, the very concepts through which we express this non-biological significance of the human are, as Cora Diamond puts it, distinctively '*labile*'; they are apt to shift, and to shift right across the human/animal boundary. In Derrida's terms, we might say that the *iterability* of these concepts displays what we might call an essential *iteralability*. For example, when one mourns the loss . . . of a friend.

Derrida's recourse to the concept of iterability rather than repeatability in the analysis of writing had already sought to make room for shifts and differences within conceptual identity.

Indeed, that analysis explicitly aimed to capitalize on the (probable) etymological link of *iter*, meaning 'once again', to *itara*, meaning 'other' in Sanskrit, in order to develop a manner of speaking that could capture a link between repetition and alterity, a link between staying the same and being apt to shift. So a certain 'lability' is already at work wherever there is 'writing' in Derrida's refreshed sense. In the kind of case we are concerned with here, however, it is not just a question of a new singular response that retains once again or once more an essentially iterable mark, but the extension of responses characteristic of our responses to human beings *beyond* the human. That we do so respond might suggest that there are occasions when we want to *efface* the idea of the human difference. That is a terribly tempting idea (perhaps we want to say or plead, for example, that 'we are all equally animals'), but it is an idea that Derrida, like Diamond, clearly resists. In the iteralabile movement beyond the human, the idea of the difference is not only *not* effaced, it is affirmed. We are inclined to imagine that the idea of the difference would be most clearly in play where the path to an other is absolutely blocked; where our aliveness to the other animal simply gives out and we do not know what to say or do. But the thought of the iteralability of our responsiveness can encourage something else entirely. The idea of the difference does not show itself most radically or originally when a path to an other animal is closed, but in the ways in which, uncannily, *it is still found*. Along the multiple paths of our life with iteralabile marks, the human/animal difference, Derrida says, 'no longer forms a single indivisible line', but 'more than one internally divided line'.

'Be other than an animal', we say. The other demands something of me, the moral expectations I see in the gaze of the other who sees me, demand something of me – and that may not always be a human eye: 'Be other than an animal'. I am called (by the other, perhaps the other animal looking at me) to be human; called, then, to respect and not to diminish the alterity of every other.

And one is failing to respond to such a call to be human when one is beastly to the beast, beastly to the very one who can never be beastly.

So it is not that we form a non-biological concept of the human (via metaphysical insight or religious revelation or whatever) which can then be contrasted with the merely biological life of other living things. Nor are we to suppose that 'we are all equally animals'. Rather, the point is that *we have a non-biological concept of the animal too*. When we talk about animals, other creatures, the ones, for example, that we might see *seeing us*, we do not mean a being that is 'biologically an animal' or 'something with biological life' any more than our concept of the human means that. What we might call the 'fellow-creature response' involves the extension to animals of modes of thinking and acting that are especially characteristic of our responses to human beings – and so which belong most intimately to our concept of the human difference – and it does so in multiple and complex ways. Concepts of charity and justice are certainly involved here, as is the idea of the singularity of a life and concepts related to respect for that life – compassion, pity, gratitude and regret pointedly among them.

And yet, in a time when a life containing talk of the human difference seems more than ever content to violate the compassion and pity through which, in the name of that difference, we are called to find paths to animals, it is becoming increasingly difficult for that call to slip-across seem other than a merely sentimental slip-up. But the fact that a human being chooses his or her words as 'words from the heart', as Derrida does, and wants, for example, to mark *this cat's* unsubstitutable singularity, is not a mistake or error that stands in need of correction through a proper appreciation of a fundamentally unique 'truth of Man'. Nor need such words be spoken in naive ignorance of objective facts about, for example, an individual animal's membership of a genera, genus, or species. On the contrary, it simply goes to show how that *iteralabile* talk actually enters our lives, it shows us, as Diamond puts it, 'the shape – the "face" – that life containing such talk has'. It is, precisely, the 'face' of that life that is altered by what Derrida highlights as the '*unprecedented* proportions' of 'the subjection of the animal' that dominates modern life today. Indeed, as Wiggins notes, part of the unease that many feel about factory farming, intensive livestock rearing, the general spoliation of nature, and the extinction of innumerable animal species is that it shows us modern men and women, as in a mirror, as at certain points akin to a form of life we might well think 'profoundly alien': akin, that is, to an animal with 'no non-instrumental concerns and no interest in the world considered as lasting longer than the animal in question will need the world to last in order to sustain the animal's own life'. Such a life, we must not forget, is no preface to what remains to come *at all*.

Chapter 9
Starting over

I want to keep this concluding chapter short, very short, a very short conclusion to what has doubtless been a none too simple very short introduction to Derrida.

Jacques Derrida summed up his fears – and implied hopes – with regard to his readers in the following passage:

> Because I still like him, I can foresee the impatience of the bad reader: this is the way I name or accuse the fearful reader, the reader in a hurry to be determined, decided upon deciding (in order to annul, in other words to bring back to oneself, one has to wish to know in advance what to expect, one wishes to expect what has happened, one wishes to expect (oneself)). Now, it is *bad*, and I know of no other definition of the bad, it is bad to predestine one's reading, it is always bad to foretell. It is bad, reader, no longer to like retracing one's steps.

I am unbelievably grateful to the texts of Jacques Derrida for inciting me and continuing to incite me to retrace my steps, and to interrupt the readers I have been.

References

Chapter 1

Jacques Derrida, *Of Grammatology*, tr. G. Spivak (Baltimore: Johns Hopkins University Press, 1974).

Chapter 2

R. Morse and S. Collini (eds.), *The Cambridge Review*, Vol. 113, No. 2318 (Cambridge: Cambridge University Press, October 1992).

Barry Smith et al., 'Derrida Degree: A Question of Honour', *The Times*, Saturday, 9 May 1992.

Ludwig Wittgenstein, *Blue and Brown Books* (Oxford: Blackwell, 1958).

Jacques Derrida, in *Arguing with Derrida*, ed. Simon Glendinning (Oxford: Blackwell, 2001).

Edmund Husserl, 'Phenomenology and Anthropology', cited and translated by Robert Cumming in *Phenomenology and Deconstruction*, Vol. 3 (Chicago: Chicago University Press, 2001).

Bernard Williams, 'Contemporary Philosophy: A Second Look', in *The Blackwell Companion to Philosophy*, ed. N. Bunnin and E. Tsui-James (Oxford: Blackwell, 1996).

Gilbert Ryle, *The Concept of Mind* (Harmondsworth: Penguin, 1990).

H. Silverman and J. Barry (eds.), *Texts and Dialogues with Merleau-Ponty* (New York: Humanity Books, 1992).

Jacques Derrida, *Writing and Difference*, tr. A. Bass (London: Routledge, 1978).

Nicholas Royle, *Jacques Derrida* (London: Routledge, 2003). Derrida's observation that he was both 'excluded and favourite' occurs in his text 'Circumfession', which is published underneath Geoffrey Bennington's text 'Derridabase' in their joint publication *Jacques Derrida* (Chicago: Chicago University Press, 1993). In that text, Derrida tells of the death, 'a few months before I was conceived' of a brother he never knew, Paul Moïse, a brother who had been the youngest son before Jackie became, again, the youngest son. Jackie Derrida was the youngest son who took the place of the youngest son: 'from this I always got the feeling of being an excluded favourite, of both father and mother . . . excluded and favourite at two juxtaposed moments . . . and it is still going on, read the papers.'

Gavin Kitching, *Wittgenstein and Society* (Aldershot: Ashgate, 2003).

Ludwig Wittgenstein, *Philosophical Investigations*, tr. G. E. M. Anscombe (Oxford: Blackwell, 1958).

Jacques Derrida, *Of Grammatology*, tr. G. Spivak (Baltimore: Johns Hopkins University Press, 1974).

Chapter 3

There is a remarkable clip on *YouTube* in which Derrida discusses the 'truly exceptional moment' when the central ideas in *Of Grammatology* came to him, and evidently surprised him, in 1965. This should be related to the brief discussion of Derrida's 'virtuosity' at the end of this chapter. The link to the interview is http://www.youtube.com/watch?v=BSsDRf2wnOk, accessed 7 March 2011.

Jacques Derrida, *Of Grammatology*, tr. G. Spivak (Baltimore: Johns Hopkins University Press, 1974).

Jacques Derrida, *Ear of the Other*, tr. P. Kamuf (Lincoln: University of Nebraska Press, 1988).

Jacques Derrida, *A Taste for the Secret*, tr. G. Donis (Cambridge: Polity Press, 2001).

Roland Barthes, *S/Z*, tr. R. Miller (New York: Hill and Wang, 1974).

Hegel's plea to his readers not to 'take me seriously in a preface' since 'the real philosophical work is what I have just written' is cited by Gayatri Spivak in her 'Translator's Preface' to *Of Grammatology*.

Jacques Derrida, 'Outwork, prefacing', in *Dissemination*, tr. B. Johnson (London: Athlone Press, 1981).

Jacques Derrida, *The Politics of Friendship*, tr. G. Collins (London: Verso, 1997).

Jacques Derrida, *Rogues: Two Essays on Reason*, tr. P.-A. Brault and M. Naas (Stanford: Stanford University Press, 2004).

Jacques Derrida, *Points de suspension*(Paris: Galileé, 1997).

Chapter 4

Jacques Derrida, *Of Grammatology*, tr. G. Spivak (Baltimore: Johns Hopkins University Press, 1974).

Chapter 5

Jacques Derrida, 'White Mythology', in *Margins of Philosophy*, tr. A. Bass (London: Harvester Wheatsheaf, 1982).

Jacques Derrida, '"Eating Well", or the Calculation of the Subject', in *Who Comes After the Subject?*, ed. E. Cadava, P. Connor, and J.-L. Nancy (London: Routledge, 1991).

Jacques Derrida, 'Différance', in *Margins of Philosophy*, tr. A. Bass (London: Harvester Wheatsheaf, 1982).

Jacques Derrida, *Dissemination*, tr. B. Johnson (London: Athlone Press, 1981).

Chapter 6

Jacques Derrida, *Speech and Phenomena: And Other Essays on Husserl's Theory of Signs*, tr. D. B. Allison (Evanston: Northwestern University Press, 1973).

Geoffrey Bennington, *Legislations: The Politics of Deconstruction* (London: Verso, 1994).

Jacques Derrida, *Limited Inc*, ed. G. Graff, tr. S. Weber and J. Mehlman (Evanston: Northwestern University Press, 1988).

Jacques Derrida, *Positions*, tr. A. Bass (London: Athlone Press, 1987).

Geoffrey Bennington, *Interrupting Derrida* (London: Routledge, 2000).

Chapter 7

Jason Powell, *Jacques Derrida: A Biography* (London: Continuum, 2006).

Jacques Derrida, 'Force of Law: The "Mystical Foundation of Authority"', in *Deconstruction and the Possibility of Justice*, ed. D. Cornell, M. Rosenfeld, and D. Carlson (London: Routledge, 1992).

P. Goodrich, F. Hoffmann, M. Rosenfeld, and C. Vismann (eds.), *Derrida and Legal Philosophy* (London: Palgrave Macmillan, 2008).

Jacques Derrida, *Limited Inc*, ed. G. Graff, tr. S. Weber and J. Mehlman (Evanston: Northwestern University Press, 1988).
Jacques Derrida, *Of Grammatology*, tr. G. Spivak (Baltimore: Johns Hopkins University Press, 1974).
Jacques Derrida, in *Arguing with Derrida*, ed. S. Glendinning (Oxford: Blackwell, 2001).
Jacques Derrida, *Rogues: Two Essays on Reason*, tr. P.-A. Brault and M. Naas (Stanford: Stanford University Press, 2004).
Derrida's discussion of deconstruction and politics at Sussex University can be found at http://hydra.humanities.uci.edu/derrida/pol+fr.html, accessed 7 March 2011.
David Wiggins, 'Truth, Invention and the Meaning of Life', in *Needs, Values, Truth* (Oxford: Blackwell, 1987).
Jacques Derrida, *Specters of Marx*, tr. P. Kamuf (London: Routledge, 1994).
Jacques Derrida, *The Politics of Friendship*, tr. G. Collins (London: Verso, 1997).

Chapter 8

Martin Heidegger, *Being and Time*, tr. J. Macquarrie and E. Robinson (Oxford: Blackwell, 1962).
Jacques Derrida, *Of Grammatology*, tr. G. Spivak (Baltimore: Johns Hopkins University Press, 1974).
Jacques Derrida, in *Arguing with Derrida*, ed. S. Glendinning (Oxford: Blackwell, 2001).
Cora Diamond, 'Eating Meat and Eating People', in *The Realistic Spirit* (Cambridge, Mass.: MIT Press, 1996).
Cora Diamond, 'The Importance of Being Human', in *Human Beings*, ed. D. Cockburn (Cambridge: Cambridge University Press, 1991).
Jacques Derrida, 'The Animal That Therefore I Am (More to Follow)', tr. D. Wills, in *Critical Inquiry*, Vol. 29 (2002).
David Wiggins, 'Truth, Invention and the Meaning of Life', in *Needs, Values, Truth* (Oxford: Blackwell, 1987).

Chapter 9

Jacques Derrida, *The Post Card*, tr. A. Bass (Chicago: University of Chicago Press, 1987).

Further reading

Recommended works by Derrida in English

Speech and Phenomena: And Other Essays on Husserl's Theory of Signs, tr. D. B. Allison (Evanston: Northwestern University Press, 1973).

Of Grammatology, tr. G. Spivak (Baltimore: Johns Hopkins University Press, 1974).

Writing and Difference, tr. A. Bass (London: Routledge, 1978).

Dissemination, tr. B. Johnson (London: Athlone Press, 1981).

Margins of Philosophy, tr. A. Bass (Chicago: Chicago University Press, 1982).

'Geschlecht: Sexual Difference, Ontological Difference', tr. R. Berezdivin, *Research in Phenomenology*, 13 (1983).

Glas, tr. John P. Leavey, Jr., and R. Rand (Lincoln: University of Nebraska Press, 1986).

Positions, tr. A. Bass (London: Athlone Press, 1987).

The Post Card: From Socrates to Freud and Beyond, tr. A. Bass (Chicago: University of Chicago Press, 1987).

The Truth in Painting, tr. G. Bennington and I. McLeod (Chicago: Chicago University Press, 1987).

Limited Inc, ed. G. Graff, tr. S. Weber and J. Mehlman (Evanston: Northwestern University Press, 1988).

Of Spirit: Heidegger and the Question, tr. G. Bennington and R. Bowlby (Chicago: University of Chicago Press, 1989).

Acts of Literature, ed. Derek Attridge (London: Routledge, 1992).

The Other Heading: Reflections on Today's Europe, tr. P.-A. Brault and M. Naas (Bloomington: Indiana University Press, 1992).

Aporias, tr. T. Dutoit (Stanford: Stanford University Press, 1993).

Specters of Marx, tr. P. Kamuf (London: Routledge, 1994).
Points . . .: Interviews 1974–1994, tr. P. Kamuf and others (Stanford: Stanford University Press, 1995).
The Gift of Death, tr. D. Wills (Chicago: Chicago University Press, 1995).
Politics of Friendship, tr. G. Collins (London: Verso, 1997).
'Faith and Knowledge', tr. S. Weber, in *Religion*, ed. J. Derrida and G. Vattimo (Cambridge: Polity Press, 1998).
Monolingualism of the Other; or, The Prosthesis of Origin, tr. P. Mensah (Stanford: Stanford University Press, 1998).
Of Hospitality, tr. R. Bowlby (Stanford: Stanford University Press, 2000).
'I Have a Taste for the Secret', in *A Taste for the Secret*, ed. J. Derrida and M. Ferraris (Cambridge: Polity Press, 2001).
On Cosmopolitanism and Forgiveness, tr. M. Dooley and M. Hughes (London: Routledge, 2001).
Negotiations: Interventions and Interviews, 1971–2001, tr. E. Rottenberg (Stanford: Stanford University Press, 2002).
Without Alibi, ed. and tr. P. Kamuf (Stanford: Stanford University Press, 2002).
Who's Afraid of Philosophy?: Right to Philosophy 1, tr. J. Plug (Stanford: Stanford University Press, 2002).
'The Animal That Therefore I Am (More to Follow)', tr. D. Wills, in *Critical Inquiry*, Vol. 29 (2002).
Philosophy in a Time of Terror: Dialogues with Jürgen Habermas and Jacques Derrida, ed. G. Borradori (Chicago: University of Chicago Press, 2003).
Rogues: Two Essays on Reason, tr. P.-A. Brault and M. Naas (Stanford: Stanford University Press, 2004).
Learning to Live Finally: The Last Interview, with Jean Birnbaum, tr. P.-A. Brault and M. Naas (Hoboken, NJ: Melville House, 2007).
The Beast and the Sovereign, Vol. I, tr. G. Bennington (Chicago: University of Chicago Press, 2009).

Recommended works on Derrida in English

Geoffrey Bennington, *Legislations: The Politics of Deconstruction* (London: Verso, 1994).
Geoffrey Bennington, *Interrupting Derrida* (London: Routledge, 2000).
Geoffrey Bennington, *Not Half No End: Militantly Melancholic Essays in Memory of Jacques Derrida* (Edinburgh: Edinburgh University Press, 2010).

Hélène Cixous, 'Jacques Derrida as a Proteus Unbound', tr. P. Kamuf, in *Critical Inquiry*, 33 (Winter 2007).
Robert Denoon Cumming, *Phenomenology and Deconstruction*, 4 vols. (Chicago: Chicago University Press, 1991–2001).
Simon Glendinning and Robert Eaglestone (eds.), *Derrida's Legacies: Literature and Philosophy* (Abingdon: Routledge, 2008).
Martin Hägglund, *Radical Atheism: Derrida and the Time of Life* (Stanford: Stanford University Press, 2008).
Marian Hobson, *Jacques Derrida: Opening Lines* (London: Routledge, 1998).
Christopher Johnson, *Derrida: The Scene of Writing* (London: Phoenix Press, 1997).
Peggy Kamuf, *To Follow: The Wake of Jacques Derrida* (Edinburgh: Edinburgh University Press, 2010).
Martin McQuillan, *Deconstruction after 9/11* (Abingdon: Routledge, 2009).
Michael Naas, *Derrida From Now On* (New York: Fordham University Press, 2008).
Christopher Norris, *Deconstruction: Theory and Practice* (London: Methuen, 1982).
Jack Reynolds and James Roffe (eds.), *Understanding Derrida* (London: Continuum, 2004).
Nicholas Royle, *Jacques Derrida* (London: Routledge, 2003).
Nicholas Royle, *In Memory of Jacques Derrida* (Edinburgh: Edinburgh University Press, 2009).
Gayatri Chakravorty Spivak, 'Translator's Preface', in Jacques Derrida, *Of Grammatology* (Baltimore: Johns Hopkins University Press, 1974).
Sarah Wood, *Derrida's Writing and Difference: A Reader's Guide* (London: Continuum, 2009).

“牛津通识读本”已出书目

古典哲学的趣味
人生的意义
文学理论入门
大众经济学
历史之源
设计，无处不在
生活中的心理学
政治的历史与边界
哲学的思与惑
资本主义
美国总统制
海德格尔
我们时代的伦理学
卡夫卡是谁
考古学的过去与未来
天文学简史
社会学的意识
康德
尼采
亚里士多德的世界
西方艺术新论
全球化面面观
简明逻辑学
法哲学：价值与事实
政治哲学与幸福根基
选择理论
后殖民主义与世界格局

福柯
缤纷的语言学
达达和超现实主义
佛学概论
维特根斯坦与哲学
科学哲学
印度哲学祛魅
克尔凯郭尔
科学革命
广告
数学
叔本华
笛卡尔
基督教神学
犹太人与犹太教
现代日本
罗兰·巴特
马基雅维里
全球经济史
进化
性存在
量子理论
牛顿新传
国际移民
哈贝马斯
医学伦理
黑格尔

地球
记忆
法律
中国文学
托克维尔
休谟
分子
法国大革命
民族主义
科幻作品
罗素
美国政党与选举
美国最高法院
纪录片
大萧条与罗斯福新政
领导力
无神论
罗马共和国
美国国会
民主
英格兰文学
现代主义
网络
自闭症
德里达
浪漫主义
批判理论

德国文学
戏剧
腐败
医事法
癌症
植物
法语文学
微观经济学
湖泊
拜占庭
儿童心理学
时装
现代拉丁美洲文学
卢梭
隐私
电影音乐
抑郁症
传染病
希腊化时代
知识
电影
俄罗斯文学
古典文学
大数据
洛克
幸福
免疫系统
银行学
景观设计学